노천명 시전집

모가지가 길어서
슬픈 짐승이여

서문당

노천명 시전집
모가지가 길어서
슬픈 짐승이여

초판 인쇄 / 2012년 3월 5일
초판 발행 / 2012년 3월 10일

지은이 / 노 천 명
그린이 / 염 조 원
펴낸이 / 최 석 로
펴낸곳 / 서 문 당
주소 / 경기도 파주시 문발동 광인사길 57 파주출판단지
전화 / (031) 955-8255~6
팩스 / (031) 955-8254

창업일자 / 1968. 12. 24
등록일자 / 2001. 1. 10
등록번호 / 제406-313-2001-000005호

ISBN 978-89-7243-645-4
잘못된 책을 바꾸어 드립니다.

노천명 시전집

서문에 대신해서

李 熙 昇 (국문학자)

　필자의 관견(管見)에 비친 한, 고 노천명 여사는 우리 현대여류시단에서 오늘날까지의 제1인자 되는 긍지를 차지할 수 있을 만한 주인공이라는 것을 감히 말하여 두기에 주저하지 않으려 한다.

　이것은 사제간의 두둔에서가 아니라, 그의 시적 품격 또는 순실성의 방향(芳香)에서 하는 말이다.

　여사는 고독한 시인이었다. 가엾고 짤막한 일생이었다. 그러나 그의 시는 진실로 이 고독이란 도가니 속에서 연마되고 승화되어 나온, 눈물겨운 생활기록의 일단이 아니었을까.

　그의 친척이라고는 과거(寡居)하는 언니(노기용 씨) 한 분과 그의 소생인 이질녀(최용정 씨) 한분 밖에 없다. 이 두 분과 그 질녀의 남편되는 전(全)씨는 항상 어찌하면 이 세상에서 날로 엷어져 가는 천명의 모습을 되살리고 그의 고혼을 조금이라도 위로 하여 줄 수 있을까에 대하여 노심하고 있음을 필자는 잘 안다. 그리고 10여년 전에는 많은 애로가 있었음에도 불구하고 두 권의 노천명 전집을 낸 적이 있음도 필자는 기억하고 있다. 비록 적은 수의 유족일망정 불귀의 객, 천명에게 있어서는 번족(繁族)한 가문보다 얼마나 고마운 육친애·인정미의 표현인가 하고 필자는 항상 생각해 왔다.

이번에는 또 그들의 주선으로 누구나 쉽게 구독할 수 있는 문고판으로 천명의 시집이 나오게 되었다고 한다.

살아 생전에 항상 소녀임을 자부했고, 후배 소녀들과 자리를 함께하기를 즐겨한 그였으므로, 필경 타계에서도 만족의 미소를 금치 못할 것이며, 오히려 기쁨의 눈물로 뺨을 적실는지도 모르겠다.

천명이 타계로 간 지도 벌써 15년을 헤아리게 된 지금 새삼 서문을 써달라는 부탁을 받으니, 가슴 속에 치솟아 오르는 갖가지 감회에 무엇이라 표현할 말을 찾지 못하겠다.

이 두어 줄로써 서문을 대신하고 천명의 명복(冥福)이 내내 면면(綿綿)하기를 빌어 마지 않는다.

(1972년 서문문고(62번) 〈노천명시집〉 발행 당시의 서문)

Contents

■ 그림 **염조원**

Contents

Contents

Contents

Contents

Contents

Contents

산호림(珊瑚林)―제1시집

자 화 상

대자 한치 오푼 키에 두치가 모자라는
불만이 있다. 부얼부얼한 맛은 전혀
잊어버린 얼굴이다
몹시 차 보여서 좀체로 가까이 하기
어려워 한다. 그린 듯 숱한 눈썹도
큼직한 눈에는 어울리는 듯도 싶다
만은ㅡ
전시대 같으면 환영을 받았을 삼단
같은 머리는 클럼지한 손에 예술품
답지 않게 얹혀져 가냘픈 몸에
무게를 준다. 조그마한 거리낌에도
밤잠을 못자고 괴로워하는 성미는
살이 머물지 못하게 학대를 했을 게다
꼭 다문 입은 괴로움을 내뿜기보다
흔히는 혼자 삼켜 버리는 서글픈
버릇이 있다. 세 온스의 살만
더 있어도 무척 생색나게 내 얼굴에
쓸데가 있는 것을 잘 알지만 무디지
못한 성격과는 타협하기가 어렵다
처신을 하는 데는 산도야지처럼

대담하지 못하고 조그만 유언
비어에도 비겁하게 삼가한다
대처럼 꺾어는 질망정 구리모양
휘어지기가 어려운 성격은 가끔
자신을 괴롭힌다

- 1934년

바다에의 향수

기억에 잠긴 남(藍)빛 바다는 아드윽하고
이를 그리는 정열은 겉잡지 못한 채—
낯선 하늘 머언 뭍 위에서
오늘도 떠가는 구름으로 마음을 달래보다

지금은 바다 저편엔 7월의 태양이 물 위에 빛나고
기인 항해에 지친 배의 육중스런 몸뚱이는
집시의 퇴색한 꿈을 안고 푸른 요 위에 딩굴며
낯익은 섬들의 기억을 뒤적거리리……

푸른 밭을 갈아 흰 이랑을 뒤에 남기며
장엄한 출범은 이 아침에도 있었으리……
늠실거리는 파도— 바다의 호흡— 흰 물새—
오늘도 내 마음을 차지하다—

교정(校庭)

흰 양옥(洋屋)이 푸른 나무들 속에
진주(眞珠)처럼 빛나는 오후—
닥터 노엘의 조을리는 강의를 듣기보다 젊은 학생들은
건너편 포플라나무 위로 드높이 날리는 깃발 보기를 더 좋아했다

향수(鄕愁)가 물이랑처럼 꿈틀거린다
퍼덕이는 깃발에 이국정경(異國情景)이 아롱진다
지향 없는 곳을 마음은 더듬었다

낯선 거리에서 금발의 처녀를 만났다

깊숙이 들어간 정열적인 그 눈이
이국소녀(異國少女)를 응시(凝視)하면
'형제여!'
은근히 뜨거운 손을 내밀리라

푸른 포플라나무!
흰 양옥!
이국(異國)[1] 깃발!
내 제복과 함께 잊혀지지 않는 정경이여……

---

1) 본래는 '붉은' 이었는데 고인의 노트에 '異國' 으로 정정되어 있음.

슬픈 그림

보랏빛 포도알처럼 떫은 풍경—
애드벌룬에는 아담과 이브 시대의 사진예고(寫眞豫告)
아스파라거스처럼 늘 산뜻한 걸 즐기는 새악시
오얏나무 아래서 차라리 낮잠을 잤다

바느질 대신 아프리카종(種)의 고양이를 데리고 논다
구두를 벗고 파초잎으로 발을 싸본다
하나 새악시는 문득 무엇이 생각킬 때면
붉은 산호(珊瑚) 목걸이도 벗어 던지고
아무도 달랠 수 없이 울어 버리는 버릇이 있단다

돌아오는 길

차마 못봐 돌아서 오며 듣는 기차 소리는
한나절 산골의 당나귀 울음보다 더 처량했다

포도(鋪道) 위에 소리 없이 밤안개가 어린다
마음 속엔 고삐 놓은 슬픔이 딩군다

편—한 길에 걸음이 안 걸려
몸은 땅 속으로 잦아들 것만 같구나

거리의 플라타너스도 눈물겨운 밤
일부러 육조(六曹) 앞 먼 길로 돌았다

길 바닥엔 장미꽃이 피었다—사라졌다—다시 핀다
해저의 소리를 누가 들은 적이 있다더냐

황(幌)마차

기차가 허리띠만한 강에 걸친 다리를 넘는다
여기서부터는 우리 땅이 아니란다
아이들의 세간 놀음보다 더 성겁구나
황마차(幌馬車)에 올라 앉아 아가위나 씹자
카추샤의 수건을 쓰고 달리고 싶구나
나는 여기 말을 모르오
호인(胡人)의 관(棺)이 널린 벌판을 마차는 달리오

시가도 피울 줄 모르고 휘파람도 못 불고……

국화제

들녘 경사진 언덕에 네가 없었든들
가을은 얼마나 적적(寂寂)했으랴
아무도 너를 여왕이라 부르지 않건만
봄의 화려한 동산을 사양하고
이름도 모를 풀 틈에 섞여
외로운 절기를 홀로 지키는 빈 들의 새악시여
가—르 꽃보다 부드러운 네 마음 사랑스러워
거친 들녘에 함부로 두고 싶지 않았다

한아름 고이 꺾어 안고 돌아와
책상 위 화병에 너를 옮겨 놓고
거기서 맘대로 화창하라 빌었더니
들에 보든 그 생기(生氣) 나날이 잃어버리고

웃음 거둔 네 얼굴은 수그러져
빛나든 모양은 한잎 두잎 병(病)들어 가는구나
아침마다 병(瓶)이 넘게 부어주는 맑은 물도
들녘의 한 방울 이슬만 못하드냐?
너는 끝내 거친 들녘 정든 흙냄새 속에
맘대로 퍼지고 멋대로 자랐어야 할 것을……

뉘우침에 떨리는 미련한 손이
시들고 마른 너를 다시 안고
높은 하늘 시원한 언덕 아래
묻어주러 나왔다 들국화야!
저기 너의 푸른 천정이 있다
여기 너의 포근한 가—ㄹ(蘆)¹⁾ 방석이 있다

---

1) 갈꽃

옥촉서(玉蜀黍)

우물가에서도 그는 말이 적었다
아라사 어디메로 갔다는 소문을 들은 채
올해도 수수밭 깜부기가 패어버렸다

샛노란 강냉이를 보고 목이 메일 제
울안의 박꽃도 번잡한 웃음을 삼가했다
수국꽃이 향그럽든 저녁—
처녀(處女)는 별처럼 머언 애기를 삼켰더란다

낯선 거리

꿈에서도 못본 낯선 거리엔
이 고장 말을 몰라 열없고
강아지 새끼 하나 낯익은 게 없다
오라는 이도 없었거니
가라는 이가 없어서 섧단다

사람들이 흘러간 낯선 거리엔
네온사인이 밤을 음모(陰謀)하고—

무량의 마담은 잠이 왔다
강아지 새끼 하나 낯익은 게 없다
가라는 이가 없어서 섧단다—

고독

변변치 못한 화(禍)를 받든 날
어린애처럼 울고 나서
고독을 사랑하는 버릇을 지었습니다

번잡(煩雜)이 이처럼 싱크러울 때
고독은 단 하나의 친구라 할까요

그는 고요한 사색(思索)의 호수가로
나를 달래 데리고 가
내 이지러진 얼굴을 비추어줍니다

고독은 오히려 사랑스러운 것
함부로 친할 수도 없는 것—
아무나 가까이 하기도 어려운 것인가 봐요

제석(除夕)

올해도 마지막 가는 밤이어니
가는 나이 붙들고 울어볼까나
붙들고 매달려도 가겠거늘
가고야 말 것을······

이해 숨 넘어가는 밤이기에
한손에 촉(燭)불 들고 또 한손에
지난해 '삶'의 기록 말아쥐고
꿈의 제단 앞에 불 사르러 나왔오

의지(意志)로 날 넣고 정(情)으로 씨 넣어
이해의 '삶'을랑 곱게곱게 짜렸든 것이
빛나게도 짜렸든 것이
이리도 거칠고 윤도 없구료

가을날

겹옷 사이로 스며드는 바람은
산산한 기운을 머금고……
드높아진 하늘은 비로 쓴 듯이 깨끗한
맑고도 고요한 아침—
예저기 흩어져 촉촉히 젖은
낙엽을 소리 없이 밟으며
허리띠 같은 길을 내놓고
풀밭에 들어 거닐어보다

끊일락 다시 이어지는 벌레 소리
애연히 넘어가는 마디마디엔
제철의 아픔이 깃들였다

곱게 물든 단풍 한 잎 따들고
이슬에 젖은 치맛자락 휩싸쥐며 돌아서니
머언데 기차 소리가 맑다

4월의 노래

4월이 오면, 4월이 오면은······
향기로운 라일락이 우거지리
회색빛 우울을 걷어버리고
가지 않으려나 나의 사람아
저 라일락 아래로— 라일락 아래로

푸른 물 다담뿍 안고 4월이 오면
가냘픈 맥박에도 피가 더하리니

나의 사람아 눈물을 걷자
청춘의 노래를, 4월의 정령을—
드높이 기운차게 불러보지 않으려나

앙상한 얼굴이 구름을 벗기고
4월의 태양을 맞기 위해
다시 거문고의 줄을 골라
내 노래에 맞추지 않으려나 나의 사람아!

단상(斷想)

공장의 사이렌 사원(寺院)의 만종(晩鐘)
얼크러진 광란 속에
또 하루 해가 죽어간다

끊쳤다 이었다 굵게 가늘게
목메어 우는 듯 호소하는 듯 또 원망하는 듯
그윽하여라 사원(寺院)의 저녁 종(鐘)소리
헛되이 간 하루의 영결(永訣)을 고(告)하는 울음인가
눈물 마른 빈 가슴 안고
죽어가는 이날을 조상(吊喪)할거나

너는 저 아우성치는 무리에게
무엇을 주고 무엇을 빼앗았는고
즐거움일까 나는 모르네
쓰라림일까 그도 모르네
다만 이날을 조상하는 만종(晩鐘)이 울 때
몇 장 안 되는 내 달력의 아까운 한 장을 또 뜯노라

포구의 밤

마술사(魔術師) 같은 어둠이 꿈틀거리며
무거운 걸음새로 기어드니
찌푸린 하늘엔 별조차 안 보이고
바닷가 헤매는 물새의 울음소리
엄마 찾는 듯…… 내 애를 끊네

한가람 청풍(淸風) 물위를 스치고 가니
기슭에 나뭇배엔 등불만 조을고
사공의 노랫가락 마디마디 구슬퍼
호수(湖水)같이 고요하든 마음바다에 잔물살이

한때의 옛 곡조 다시 떠도네
이 바다 물결에 내 노래 띄워—
그 물결 닿는 곳마다 퍼쳐나 보리
바위에 부딪치는 구원(久遠)의 물소리
그윽한 느낌에 눈 감고 듣노니
마산포(馬山浦)의 밤은 말 없이 깊어만 가는데……

동경(憧憬)

내 마음은 늘 타고 있오
무엇을 향해선가—

아득한 곳에 손을 휘저어 보오
발과 손이 매어 있음도 잊고
나는 숨가삐 허덕여 보오—

일찍이 그는 피리를 불었오
피리 소리가 어디서 나는지 나는 몰라
예서 난다지…… 제서 난다지……

어디멘지 내가 갈 수 있는 곳인지도 몰라
하나 아득한 저곳에
무엇이 있는 것만 같애
내 마음은 그칠 줄 모르고 타고 또 타오

구름같이

큰 바다의 한 방울 물만도 못한
내 영혼의 지극히 작음을 깨닫고
모래 언덕에서 하염없이
갈매기처럼 오래오래 울어 보았오

어느 날 아침 이슬에 젖은
푸른 밭을 거니는 내 존재가
하도 귀한 것 같아 들국화(菊花) 꺾어들고
아름다운 아침을 종다리처럼 노래하였오

하나 쓴웃음 치는 마음
삶과 죽음 이 세상 모든 것이
길이 못 풀 수수께끼어니
내 생(生)의 비밀인들 어이하오

바닷가에서 눈물 짓고……
이슬 언덕에서 노래 불렀오
그러나 뜻 모를 이 생(生)
구름같이 왔다 가나 보오

밤의 찬미

삶의 즐거움이여! 삶의 괴로움이여!
이제는 아우성소리 그쳐진 밤
죽은 듯 다 잠들고 고요한 깊은 밤

미움과 시기의 낚시눈도 감기고
원수와 사랑이 한가지 코를 고나니
밤은 거룩하여라 이 더러운 땅에서도
이 밤만은 별 반짝이는 저 하늘과
그 깨끗함을— 그 향기를— 겨누나니

오—밤, 거룩한 밤이여
영원히 네 눈을 뜨지 말지니
네가 눈뜨면 고통도 눈뜨리
밤이여, 네 거룩한 베개를 빼지 말고
고요히 고요히 잠들어 버려라

고 궁

비 바람 자욱이 아롱진 기인 밤
깨어진 기와 위를 담쟁이덩굴이
꺼—멓게 기는 흰 낮
'상하인개하마(上下人皆下馬)'의 비석(碑石)은 서있기 열적어하오

화려한 꿈이 흘러간 뒤 더 적적(寂寂)한 네거리
단청(丹靑)도 낡은 궁궐 앞엔

병든 인력거꾼들의 오수(午睡)가 깊고
지나가는 사람 중에는 아무도 옛날을 애기하는 이 없다

네 잎 클로우버

녹음(綠陰)—소망의 정령(精靈)인 그가
푸른 손으로 나를 불러 뛰어 나갔오
무엇을 찾을 것만 같아 나무 아래 거닐었오
옆에서 풀잎을 헤치는 동무 하나
네 잎 클로우버를 찾는다 하오
그가 왜 이상해 보이오

하나 그가 귀엽지 않소
믿음과—소망, 사랑과—행복을
진정 찾을 수 있다고 믿는
그 마음이 어린애처럼 귀엽지 않소

나도 그를 따라 풀잎을 헤쳐 보았오
찾으면 복(福)되다는 네 잎을 못 얻은 서운한 마음
이름 모를 작은 꽃 하나
따서 옷가슴에 꽂았오—

지나든 이 보고 그 이름 물망초(勿忘草)라기
빼어서 냇가에 던졌오
던졌으니 그만일 것이— 왜 마음은 서운하오……

박 쥐

기인 담 밑에 웅송그리고 누워 있는 집 없는 아이들
바람이 소스라치게 기어들 때마다
강아지처럼 응응대며 서로의 체온을 의지한다

박쥐의 날개를 얼리는 밤—
청동화롯가엔 두 모녀의 이야기가
찬 재를 모으며 흩으며 잠들 줄 모른다
아들의 굳게 담은 입술이 떨리며
눈물을 삼키고 떠나는 밤— 그 밤의 광경이
어머님의 가슴엔 아프게 새겨졌다

해가 바뀌는 밤 늙은 어머니는
아들의 이름을 중얼거리며 눈물 짓는다
젊은이가 떠난 뒤 이런 밤이 세 번째—

같은 하늘, 낯선 땅 한구석에선
조국을 원망하나 미워하지 못하는
정(情)의 칼에 에어지는 아픈 가슴이 있으리……

호외

큰 불이라도 나라, 폭탄이라도 생겨라
외근(外勤)에서 들어오는 전화(電話)가
비상(非常)하기를 바라는 젊은 편집자(編輯者)
그는 잔인한 인간이 아니다
저도 모르게 되어진 슬픈 기계(機械)다
그 불이 방화(放火)가 아니라 보고서(報告書)될 때
젊은이의 마음은 서운했다
철필이 재빠르게 미끄러진다
점퍼— 노타이— 루바시카의 청년— 청년—
싱싱하고 미끈한 양(樣)들이
해군복이라도 입히고 싶은 맵시다

오늘은 또 저 붓끝이 몇 사람을 찔렀느냐
젊은이 수기에 참회(懺悔)가 있는 날
그날은 그날은 무서운 날일지도 모른다

소 녀[1]

'어디를 가십니까'
노타이 청년(靑年)의 평범한 인사에도
포도주처럼 흥분함은
무슨 까닭입니까
머지 않아 아가씨 가슴에도
누가 산도야지를 놓겠구료

---

1) 전집 1에는 '봄'으로 되어 있음.

맥진(驀進)

호산나를 부르는 사람들
길바닥은 군중들이 던진 장미로 어지럽다

말탄 용사들의 다문 입엔
정중한 웃음이 떠돈다

그들에게는 '어제'의 장(壯)한 싸움이 있다
귀(貴)한 땀이 있다
아픔을 참는 데 순교자와 같은 거룩함이 있다
모래알만한 불의(不義)에도 화차(火車)처럼 달린다— 부순다
의(義)로운 싸움을 해야만 할
그들에겐 숙명이 있다

'앞으로, 앞으로!'의 군호(軍號)가 서리 같다
행군들은 일제히 다가선다

심혈(心血)을 새긴 '어제'가 있었다
지붕을 흔드는 찬사(讚辭)와 꽃다발이 '오늘'에 있다
그러나 '내일'을 위해 또 말을 몬다— 달린다

반려(斑驢)

도무지 길들일 수 없는 내 나귀일래
오늘도 등을 쓸어주며
노여운 눈물이 핑 돌았다
그래도 너와 함께 가야 한다지……

밤이면 우는 네 울음을 듣는다
내 마음을 받을 수 없는
네 슬픈 성격(性格)을 나도 운다

가을의 구도(構圖)

가을은 깨끗한 새악시처럼
맑은 표정을 하는가 하면 또
외로운 여인네같이 슬픈 몸짓을 지녔습니다
바람이 수수밭 사이로
우수수 소리를 치며 설레고 지나는 밤엔
들국화가 달 아래 유난히 희어 보이고
건너 마을 옷 다듬는 소리에
차가움을 머금었습니다
친구여! 잠깐 우리가 멀리 합시다
호수(湖水) 같은 생각에 혼자 가마안히
잠겨보고 싶구료……

사슴

모가지가 길어서 슬픈 짐승이여
언제나 점잖은 편 말이 없구나
관이 향기로운 너는 무척 높은
족속이었나 보다

물속의 제 그림자를 들여다보고
잃었던 전설을 생각해 내고는
어찌할 수 없는 향수에 슬픈
모가지를 하고 먼 데 산을 바라본다

신묘 노천명시 하전 장인숙

귀뚜라미

몸둔 곳 알려서는 덜 좋아—
이런 모양 보여서는 안 되는 까닭에
숨어서 기나긴 밤 울어 새웁니다

밤이면 나와 함께 우는 이도 있어
달이 밝으면 더 깊이 숨겨 둡니다
오늘도 저 섬돌 뒤
내 슬픈 밤을 지켜야 합니다

말 없고 그저 가려오

말보다 아름다운 것으로 내 창을 두드려 놓고
무거운 침묵 속에 괴로워 허덕이는
인습(因襲)의 약한 아들을 내 보건만
생명이 다하는 저 언덕까지 깨지 못할 꿈이라기
나는 못본 체 그저 가려오

호젓한 산길 외롭게 떨며 온 나그네
아늑한 동산에 들어 쉬라 하니
이 몸이 찢겨 피 흐르기로
그 길이 험(險)하다 사양했으리—

'생'(生)의 고적(孤寂)한 거리서 그대 날 불렀건만
내 다리 떨렸음은—
땅 위의 가시밭도 연옥(煉獄)의 불길도 다 아니었오
말 없이 희생될 순한 양 한 마리
……다만 그것뿐이었오……

위대한 아픔과 참음이 그늘지는 곳
영원한 생명이 깃들일 수 있나니
그대가 나누어준 푸른 가닥 고운 실로
내 꿈길에—수(繡) 놓아가며 나는 말 않고 그저 가오
못본 체 그냥 가려오……

밤차

사슬잠을 소스라쳐 깨어나니
불이 홀로 밤을 새워 울다둔 방을 지켰구나
어젯밤 기어이 북(北)으로 떠난 차(車)
지금쯤은 먼 들의 어느 역(驛)을 지나노?

보내고 돌아오니 잊은 것도 많건만
차창(車窓) 곁에 걸린 국경의 지명을 읽자마자
배웠든 방언(方言)도 갑자기 굳어버려
발끝만 굽어보며 감물든 입은
해야 될 한 마디도 발언을 못했나

출 범

기선이 떠나고난 항구에는
끊어진 테이프들만 싱겁게 구으르고
아무렇지도 않았든 것처럼……
바다는 다시 침묵을 쓰고 누웠다

마녀의 불길한 예언도 없었건만
건너기 어려운 바다를 사이에 두기로 했다
마지막 말을 삼키고……
영영 떠나보내는 마음도 실은 강(强)하지 못했다
선조 때 이 지역은 저주를 받은 일이 있어
비극이 들기 쉬운 곳이란다

검푸른 7월의 바닷가 모래불―
늙은 소라껍데기 속엔 이야기 하나가 더 붙었다

물을 차는 제비처럼 가벼웠으면…… 하나
마음의 마음은 광주리 속을 자주 뒤적거려
배가 나간 뒤도 부두(埠頭)를 떠나지 못하는 부은 마음
바다 저편에 한 여름 흰 꿈을 재우다

수 녀

수녀원(修女院)도 뒤 한적(閑寂)한 곳
루르드 성굴(聖窟)엔
성모 마리아상이 유난히 흰 밤

검은 묵주(默珠) 손에 쥐고
조용히 나와 비는 한 처녀
말 없는 무거운 마음을 누가 알리

손 풍 금

내 설운 얘기도 귀에 살이진
낡은 손풍금(風琴)이 하나 우리집에
있소
어디서 난 것인지 아지 못하오
누가 두고간 것인지도 모르오

힘 없이 내 손이 어루만지면
슬픈 소리를 내오
울고난 뒤……
마음이 외로운 때……
내가 이 손풍금을 장난하오

장 날

대추밭을 돈사야 추석을 차렸다
이십리를 걸어
연 하룻장을 보러 떠나는 새벽
맏이딸 이쁜이는
대추를 안준다고 울었다

절편같은 보름이
싸리꽃 위에 돌고
건너갯 서낭당 사시나무 그림자가
무시무시한 저녁
나귀방울이 지멸이는 소리가
고개를 넘어 가까와지면
이쁜이보다 참 새개가 먼저 마중을 나갔다

시 노천명
그림 염경원

연 잣 간

삼밭 울바자엔 호박꽃이 희한한데
눈 가린 말은 돌방아를 메고
한종일 연잣간을 속아 돌고
치부책을 든 연자지기는 잎담배를 피웠다

머언 아랫말에 한나절 닭이 울고
돌배를 따는 아이들에선 풋냄새가 났다
밀을 찧어가지고 친정에 간다는 새댁
대추나무를 쳐다보고도 괜히 좋아한다

조그만 정거장

땡볕에 채송화가 영악스럽고
코스모스는 외로운
조그만 정거장……

수건 쓴 능금 장수 여인은 말이 거세고
나는 아는 이가 없어 서글펐다

젊은 양주가 데리고 나간
빨간 양복의 사내애기는
외가엘 간다고 좋아라 뛰었다

분이(粉伊)

7월 낮 마루의 햇살이 베등거리에 따가웁고
경지나무 아랜 당사주(唐四柱)장이 영감이 조으는 마을
강에선 사람이 빠졌다고 아이들이 수선스레 뫼들었다

다섯 살난 내 어린 것이 오늘
물에 놀러 나갔다 빠져 죽었오
신발과 옷을 벗어논 채 이렇게 없어졌오

한 여인이 물가에 앉아 미친 듯이 울며 넋두리했다
하나님, 난 세상에서 악(惡)한 일한 기억이 없습니다
그렇거늘 당신은 내 어린 것을…… 내 어린 것을……

젊은 아낙네 손엔 애기의 고무신이 꼭 쥐어 있고
땅을 짚은 팔엔 계집아이 꼭두선 다홍치마가 감겼다
물가에 앉아 그 속을 들여다 보곤 자꾸만 서러워졌다

'분이(粉伊)야! 너 들어오면 주라고 집엔 참외 한 개 사났다'
아버지가 품 팔고 돌아오면 너 어디 갔다 하라느냐
그렇게 갈 것을…… 잘 입히도…… 메기도 못하고……

보리

호박색(琥珀色) 물결치는 보리밭
허리 굽힌 여인의 손엔 힘있게 낫이 번쩍이오
사악사악 베어지는가 하면 묶어지는 보릿단
맥추절(麥秋節)의 기쁨이 흰 낮 골짜구니에 피었오

가마를 타고 친정동리(洞里)를 나오든 날
고운 옷은 처음이요 마지막이었오
연잣간에선 보리 밀만 닦건만
휘파람 불며가는 저 연인들보다 그가 행복하다오

상장(喪章)

한방 안 되는 고독(孤獨)이 나를 둘러싸고
목화송이 같은 눈이
소리 없이 밖에 내려 쌓이고

벙어리처럼 말이 없음은
상가집(喪家) 곡성(哭聲)보다 더 처량(凄凉)했다
오! 슬픈 장난이여……

만월대

풀 헤쳐 길을 내며 비탈을 기어올라
님계시옵든 궁터거니 절하고 굽혀들 제
주춧돌 그 자리에 잡초가 어인 일고

5백년 옛 소식을 어느 곳에 들으리오
오르고 내리실 제 밟으시든 그 돌층대
마른풀 우는 소리 낙엽마저 쌓였구나

가을도 저문 날에 만월대(滿月臺) 지나든 손
풀이라 울어볼까 낙엽이라 앉아볼까
초석(礎石)이 말없으되 발 못돌려 하노라

참음

이 가슴 맺힌 울분 불꽃 곧 될양이면
일월(日月)도 녹을 것이 산악(山岳) 어이 아니 타랴
오늘도 내 맘만 태우며 또 하루를 보냈노라

임이 가오실 제 명심하란 참을 인자(忍字)
오늘도 가슴 속 치미는 불덩이를
참음의 더운 눈물로 구지껏 사옵니다

술회(述懷)

나 놀든 그 옛집이 하 그리워 찾아드니
터는 옛터로되 벗은 옛벗 아니로다
푸르른 오동나무만 옛빛 지녀 섰더라

옛벗 그리는 정(情) 풀 길이 바이 없어
뜰 앞뒤 거닐다 돌아서니 눈물일레
어린 날 되못 온다니 그를 설워하노라

성묘 (省墓)

어찌타 가시는 임
정(情)은 남겨두시고
가배절(嘉俳節) 당하오이
옛설움 새로와라

쓰린 마음 굳이 안고
누으신 곳 찾았건만
애닯다 어이 몰라 하신고

키큰 풀 우거진 양
더욱 쓸쓸하고야

간장(肝臟)에 맺힌 설움
풀 길이 바이 없어
더운 눈물 뿌려
마른 잎을 축이노라

온 것조차 모르시니
애닯은 이 마음이랴
눈 들어 먼 산(山) 보니
안개 어이 가리는고
발밑의 흰 떨기도
눈물 젖어 있더라

만가(輓歌)

일찍이 걷던 거리엔 그날처럼 사람이 오고… 가고…
모퉁이 약국집 새장의 라빈도 우는데—
이 거리도 오늘은 상여가 한 채 지나갑니다
요령(搖鈴)을 흔들며 조용히 지나는 덴 낯익은 거리들……
엄숙히 드리운 검은 포장 속엔
벌써 시체된 그대가 냄새납니다

그대 상여머리에 옛날을 기념하려
흰 장미와 백합을 가드윽이 얹어
향기로 내 이제 그대의 추기를 고이 싸려 하오

국경의 밤

엊그제도 이 호지(胡地)에선 비적(匪賊)이 났단다
먼 데 개들이 불안스레 짖는 밤
허름한 방안엔 사모바르의 끓는 소리가
화로가에 높고……

잠은 머얼고……
재도 장난할 수 없는 마음
온밤 사모바르의 물연기(煙氣)를 응시하며
독수리 같은 어떤 인생을 풀어보다

성지(城地)

머루와 다래가 나는 산골에 자란 큰애기라
혼자서 곧잘 산에 오르기를 좋아합니다
깨어진 기와편(片)에서 성터의 옛애기를 주우며
입다문 석문(石門)에 삼켜버린

하늘엔 흰 구름이 흘러가고—
젊은이의 가슴은 애수(哀愁)가 지그웃이 무는 가을
서반아풍(西班牙風)의 기인 머리를 땋아두른
여인은 지나간 꿈을 뒤적거립니다

실(實)은 서럽지도 않은 이야기들인 것이
저 벌레와 함께 이처럼 울고 싶어집니다

하기사 그때도 이렇게 갈—대가 우거지고
들국(菊)이 핀 언덕—
동(東)으로 낮차(車)가 달리는 곳—
두 줄 철로를 말없이 바라보았지라우

야제조(夜啼鳥)

낙엽을 가져다 내 창(窓)가에 끼었고는
말없이 찬 달 아래 떨고 서있는
내 마음을 알아듣는 까닭에
이 밤에 내가 굳이 창장(窓帳)을 내리었노라

밤새가 네 가슴을 쪼(啄)지 않느냐
슬픈 애기는 이제 그만 하자―
조각달이 네 메마른 팔 위에 차가웁고

16세 소녀인 양 이처럼 감상적인 저녁엔
차를 끓이는 대신
과자의 은빛 종이를 벗기기로 했다

생 가

뒤울안 보리수 열매가 붉어오면
앞산에서 뻐꾸기 울었다
해마다 다른 까치가 와 집을 짓는다는
앞마당 아라사 버들은 키가 커 늘 쳐다봤다

아랫말과 웃동리(洞里)가 넓어뵈는 촌(村)에선
단오의 명절이 한껏 즐겁고……
모닥불에 강냉이를 튀겨먹든 아이들
곧잘 하늘의 별 세기를 내기했다

강가에서 갯(川)비린내가 유난히
풍겨오는 저녁엔 비가 온다는
늙은이의 천기예보는 틀린 적이 없었다

도적이 들고난 새벽처럼 호젓한 밤
개짓는 소리가 덜 좋아
이불 속으로 들어가 묻히는 밤이 있었다

여인

빨래해서 손질하곤 이어 또 꿰매는 일
어린 것과 그이를 위하는 덴 힘든 줄 모르오
오랜만에 나와 거닐어보는 지름길엔
어느새 녹음(綠陰)이 이리 짙었오

생각하면 꿈을 안고 열(熱)에 떴든 시절도 있어
이런 델 거닐면 떠오르는 그날들—
연지(臙脂)빛 야회복(夜會服)처럼 현황했으나 실(實)로 싱거웠오
한 어머니로 여인은 8월의 태양처럼 미더워라

창변(窓邊) – 제2시집

고 향

언제든 가리
마지막엔 돌아가리
목화꽃이 고운 내 고향으로
조밥이 맛있는 내 본향으로
아이들 하눌타리 따는 길머리엔
학림사(鶴林寺) 가는 달구지가 조을며 지나가
대낮에 여우가 우는 산골

등잔 밑에서
딸에게 편지 쓰는 어머니도 있었다
둥굴레산에 올라 무릇을 캐고
접중화 싱아 뻐꾹채 장구채 범부채
마주재 기룩이 도라지 체니 곰방대
곰취 참두릅 개두릅 홋잎나물을
뜯는 소녀들은
말끝마다 꽈 소리를 찾고
개암쌀을 까며 소녀들은
금방망이 은방망이 놓고간
도깨비 애기를 즐겼다
목사가 없는 교회당
회당지기 전도사가 강도상을 치며
설교하는 산골이 문득 그리워

아프리카서 온 반마(斑馬)처럼
향수에 잠기는 날이 있다

언제든 가리
나중엔 고향 가 살다 죽으리
메밀꽃이 하—얗게 피는 곳
나뭇짐에 함박꽃을 꺾어오던 총각들
서울 구경이 원이더니
차를 타보지 못한 채 마을을 지키겠네

꿈이면 보는 낯익은 동리
우거진 덤불에서
찔레순을 꺾다 나면 꿈이었다

길

솔밭 사이로 솔밭 사이로 들어 가자면
불빛이 흘러나오는 고가(古家)가 보였다

거기
벌레 우는 가을이 있었다
벌판에 눈 덮인 달밤도 있었다

흰 나리꽃이 향(香)을 토하는 저녁
손길이 흰 사람들은
꽃술을 따문 병풍(屛風)의 사슴을 애기했다

솔밭 사이로 솔밭 사이로 걸어가자면
지금도 전설처럼
고가엔 불빛이 보이련만

몸을 소스라침은
숱한 이야기들이 머리를 들어서

남(男)사당

나는 얼굴에 분칠을 하고
삼단 같은 머리를 땋아내린 사나이
초립에 쾌자를 걸친 졸아치들이
날라리를 부는 저녁이면
다홍치마를 두르고 나는 향단(香丹)이가 되다
이리하여 장터 어느 넓은 마당을 빌어
램프불을 돋운 포장 속에선
내 남성(男聲)이 십분(十分) 굴욕된다

산 넘어 지나 온 저 동리엔
은반지를 사주고 싶은
고운 처녀도 있었건만
다음날이면 떠남을 짓는
처녀야!
나는 집시의 피였다
내일은 또 어느 동리로 들어간다냐
우리들의 소(小)도구를 실은
노새의 뒤를 따라
산딸기의 이슬을 털며
길에 오르는 새벽은
구경꾼을 모으는 날라리 소리처럼
슬픔과 기쁨이 섞여 핀다

작 별

어머니가 떠나시든 날은 눈보라가 날렸다

언니는 흰 족두리를 쓰고
오라버니는 굴관을 하고
나는 흰 댕기 늘인 삼또아리를 쓰고

상여가 동리를 보고 하직하는
마지막 절하는 걸 봐도

나는 도무지 어머니가
아주 가시는 것 같지 않았다

그 자그마한 키를 하고—
산엘 갔다 해가 지기 전
돌아오실 것만 같았다

다음날도 다음날도 나는
어머니가 들어오실 것만 같았다

푸른 5월

청자(青磁)빛 하늘이
육모정 탑위에 그린 듯이 곱고
연당¹⁾ 창포잎에—
여인네 행주치마에—
첫여름이 흐른다

라일락 숲에
내 젊은 꿈이 나비같이 앉은 정오
계절의 여왕 5월의 푸른 여신 앞에
내가 웬 일로 무색하고 외롭구나
밀물처럼 가슴속 밀려드는 것을
어찌하는 수 없어
눈은 먼 데 하늘을 본다
긴 담을 끼고 외진 길을 걸으면
생각은 무지개로 핀다

풀냄새가 물큰
향수보다 좋게 내 코를 스치고
청머루순이 뻗어나든 길섶
어디선가 한나절 꿩이 울고

1) 연못

하늘높이 솟는다
종달이 모양내 마음은
흰나뷜 깍그 물결을 헤치며

노정명시 절로권 그니그려운

나는 활나물 훗잎나물 젓갈나물
참나물 고사리를 찾던—
잃어버린 날이 그립구나 나의 사람아
아름다운 노래라도 부르자
아니 서러운 노래를 부르자
보리밭 푸른 물결을 헤치며
종달이 모양 내 맘은
하늘 높이 솟는다

5월의 창공이여
나의 태양이여

소 녀

빰이 능금 같을 뿐 아니라
다리가 씨름꾼 같아

내가 슬그머니
질투를 느낌은
그 청춘이 내게 도전하는 까닭이다

첫눈

은(銀)빛 장옷을 길게 끌어
왼 마을을 희게 덮으며
나의 신부(新婦)가
이 아침에 왔습니다

사뿐사뿐 걸어
내 비위에 맞게 조용히 들어왔습니다

오래간만에
내 마음은
오늘 노래를 부릅니다

자—잔들을 높이 드시오
빨—간 포도주를
내가 철철 넘게 치겠소

이 좋은 아침
우리들은 다같이 아름다운 생각을 합시다

종도 꾸짖지 맙시다
애기들도 울리지 맙시다

묘지

이른 아침 황국(黃菊)을 안고
산소를 찾은 것은
가랑잎이 빨—가니 단풍드는 때였다

이 길을 간 채 그만 돌아오지 않는 너
슬프다기보다는 아픈 가슴이여

흰 패목들이
서러운 악보(樂譜)처럼 널려 있고
이따금 빈 우차(牛車)가 덜덜대며 지나는 호젓한 곳

황혼이 무서운 어두움을 뿌리면
내 안에 피어오르는
산모퉁이 한 개 무덤
비애가 꽃잎(瓣)처럼 휘날린다

장미

맘속 붉은 장미를 우지지끈 꺾어 보내 놓고—
그날부터 내 안에선 번뇌(煩惱)가 자라다
네 수정(水晶) 같은 맘에
나
한 점 티 되어 무겁게 자리하면 어찌하랴
차라리 얼음같이 얼어 버리련다
하늘 보며 나무 모양 우뚝 서버리련다
아니
낙엽처럼 섧게 날아가 버리련다

새 날

고운 아침입니다

파아란 하늘 아래
기와들이 유난히 빛나고—
마음 속엔 한아름 장미가 피어오릅니다

오랫만에
부드러운 정과 웃음과 흥분 속에 다시
사람들은 안에서 희망이 포기포기 무성하고

나 이제 호수 같은 마음자리를 하고
조용히 남창(南窓)을 열어 수선(水仙)과 함께
새 날의 다사로운 날빛을 함빡 받으렵니다

저 녁

나이 갓마흔에도 장가를 못간 칠성이가
엄백이 짚신을 삼는 사랑 웃구들에선

저녁마다 몰꾼들이 뫼고
고담책(古談冊) 읽는 소리가 들리고

밤이 으슥해 찹쌀개가 짖어서 보면
국수들을 시켰다

한증

헌 털베로 벌거숭이 몸을 가린 내인들이
지친 인어(人魚)처럼 늘어졌다

하나같이 낡은 한증 두께가
거렁뱅이들을 만들어 놨다

용로(鎔爐)같이 뻘—겋게 단 한증 안은
불 지옥엘 온 것 같다
무덤 속도 같다

숨이 턱턱 막히는데
어느 구석에선
감내기[1]를 명주실처럼 뽑아낸다

나는
뻘건 천정(天井)이 대작구
무서워진다

---

1) 황해도 지방 민요의 한 가지.

수수 깜부기

깜부기는 비가 온 뒤라야 잘 팼다
아이들이 깜부기를 찌러
참새떼처럼 수수밭으로들 밀려갔다

밭고랑에가 들어서
꼭대기를 쳐다보다
희끗 깜부기를 찾아내는 때는
수숫대는 사정 없이 휘며 숙여졌다

깜부기를 먹고난 입은
까아매 자랑스러웠다

촌경(村景)

구리빛 팔에 쇠스랑을 잡고
밭에 들어 검은 흙을 다듬는 낮

보기 좋게 낡은 초가집 영마루엔
봄이 나른히 기고—
울바자 밖으론
살구꽃이 흐드러지게 웃는다

잔치

청사 초롱을 들리우고
호랑 담요를 쓴 가마가
웃동리서 아랫말로 내려왔다
차일을 친 집마당엔
잔치 국수상이 벌어지고
상을 받은 아주머니들은
이차떡에 절편에 대추랑 밤을 수건에 쌌다
대례를 지내는 마당에선
활옷을 입은 색시보다도 나는
그 머리에 쓴 칠보(七寶)족두리가 더 맘에 있었다

추성(秋聲)

플라타너스의 표정이 어느 틈에 이렇게 달라졌나

하늘을 쳐다본다
청징(淸澄)한 바닷가에 다시 은하(銀河)가 맑다
눈을 땅으로 떨어뜨리며
내가 당황하다

돌잡이

수수경단에 백설기, 대추송편에 꿀편
인절미를 색색이로 차려 놓고

책에 붓에 쌀에 은전 금전
갖은 보화를 그뜩 쌓논 돌상 위에
할머니는 살이살이 국수 놓며 명복을 빌고
할아버지는 청실 홍실 늘인 활을 놔주셨다
온 집안 사람들의 웃는 눈을 받으며
전복에 복건을 쓴 애기가 돌을 잡는다

고사리 같은 손은 문장이 된다는 책가를 스쳐
장군이 된다는 활을 꽉 잡았다

창변(窓邊)

서리 내린
지붕 지붕엔 밤이 앉고

그 안엔 꽃다운 꿈이 딩굴고
뉘집인가 창(窓)이 불빛을 한 입 물었(含)다

눈비탈이
하늘 가는 길처럼 밝구나

그 속에 숱한 애기들을 줍고 있으면
어려서 잊어버린 집이 살아났다

창으로 불빛이 나오는 집은 다정해
볼수록 정다와

저 안엔 엄마가 있고
아버지도 살고
그리하여 형제들은 다행(多幸)하고—

마음이 가난한 이는 눈을 모아
고운 정경을 한참 마시다—

아늑한 집이 왼갖 시간에 벌어졌다
친정엘 간다는 새댁과 마주 앉은
급행열차 밤찻간에서도

중년신사는 나비넥타이를 찼고
유복(裕福)한 부인은 물건을 왼종일 고르고
백화점소녀는 피곤이 밀린 잡답(雜沓) 속에서도

또 어느 조그만 집 명절 떡치는 소리를
들으면서도

기댈 데 없는 외로움이 박쥐처럼 퍼덕이면
눈 감고

가다가
슬프면 하늘을 본다

향 수

5월의 낮차(車)가 찰랑찰랑
배추꽃이 노오란 마을을 지나면
문득
싱아를 캐던 고향이 그리워

타향의 산을 보며
마음은
서쪽 하늘의 구름을 따른다

춘 향

검은 머리채에 동양여인의 별이 깃들이다
'도련님 인제 가면 언제나 오실라우 벽에 그린 황계
짧은 목 길게 늘여 두 날개 탁탁 치고
꼬꼬하면 오실라우 계집의 높은 절개
이 옥지환과 같을 것이요 천만년이
지내간들 옥빛이야 변할납디'
옥가락지 위에 아름다운 전설을 걸어놓고
춘향은 사랑을 위해 달게 형(刑)틀을 썼다
옥(獄) 안에서 그는 춘(椿)꽃보다 더 짙었다
1)

무릇 여인 중
너는
사랑을 할 줄 안 오직 하나의 여인
눈 속의 매화 같은 계집이어
칼을 쓰고도 너는 사랑을 뱉아
버리지 않았다
한양 낭군 이 도령은 쑥스럽게
사또가 되어 오지 않아도 좋았을 것을—

---

1) 제2연으로 밤이면 3경을 타 초롱불을 들고 향단이가 찾았다
  춘향 : '야야 향단아 서울서 뭔 지별 없듸야'
  향단 : '지별이라우? 동냥치 중에 상동냥치 돼 오셨어라우'
  춘향 : '야야 그것이 뭔 소리라냐— 행여 나 없다 괄세 말고 도련님
게 부디부디 잘해 디려라'가 있음.

춘분(春分)

한 고방 재어났던 석탄이 큉하니[1] 나간 자리
숨었던 봄이 드러났다

얼래 시골은 지금 밤 나왔갔늬이

남(南)쪽 계집아이는 제 집이 생각났고
나는 고양이처럼 노곤하다

---

1) 휑하니

동기(同氣)

언니와
밤을 밝히는 새벽은
성사(聖赦)를 받는 것 같아
내 야윈 뺨엔 눈물이 비오듯 했다

지금도 생각하면 눈이 뜨거워—
언니가 보고지워 떠나가는 날은
천리길을 주름잡아 먼 줄을 몰라

감나무 집집이 빠알간 남(南)쪽
말들이 거세어 이방(異邦)도 같건만

언니가 산대서
그것은 늘상 마음에 그리운 곳—

오늘도 남쪽에서 온 기인 편지
읽고 읽으면 구슬픈 사연들

'불이나 뜨뜻이 때고 있는지
외따로 너를 혼자 두고
바람에 유리문들이 우는 밤엔 잠이 안 온다'

두루마지를 잡은 채
눈물이 피잉 돌았다

저녁별

그 누가 하늘에 보석을 뿌렸나
작은 보석 큰 보석 곱기도 하다
모닥불 놓고 옥수수 먹으며
하늘의 별을 세든 밤도 있었다

별 하나 나 하나 별 두울 나 둘울
논뜰엔 따옥새 구슬피 울고
강낭수숫대 바람에 설렐 제
은하수 바라보면 잠도 멀어져

물방앗 소리— 들은 지 오래 —
고향 하늘 별 뜬 밤 그리운 밤
호박꽃 초롱에 반딧불 넣고
이즈음 아이들도 별을 세는지

여인부

미용사에게 결발(結髮)을 익히는 대신
무릇 여인은 온달에게 바보를 배우라
총명한 데에 여인은 가끔 불행을 지녔다

진실로 아리따운 여인아
네 생각이 높고 맑기
저 9월의 하늘 같고
가슴에 지닌 향낭(香囊)보다
너는 언제고 마음이 향기로와라

여인 중에 학처럼 몸을 갖는 이 없느냐
물가 그림자를 보고 외로와도 좋다

해연(海燕)은 어디다
집을 짓는지 아느냐

感 謝

저 푸른 하늘과 태양을 볼 수 있었고
大氣를 마시며
내가 자유롭게 산보할 수 있는 限
나는 축복을 받았고 행복하다
이것만으로 나는 神에게 감사할 수 있었다

노천명 시
염 조 원 경 그 림

감사

저 푸른 하늘과
태양을 볼 수 있고

대기를 마시며
내가 자유롭게 산보를 할 수 있는 한(限)

나는 충분히 행복하다
이것만으로 나는 신(神)에게 감사할 수 있다

아—무도 모르게

아—무도 모르게 뉘도 몰래
멀리 멀리 가버리고 싶은 날이 있어
메에 올라 낯익은 마을을 굽어보다

빨—간 고추가 타는 듯 널린 지붕이—
짱아를 잡는 아이들의 모습이—
차마 눈에서 안 떨어져

한나절을 혼자 산위에 앉아보다

녹원(鹿苑)

눈보라를 맞으며 공원을 걷는다
눈보라를 맞으며 공원을 걷는다

붉은 산다화(山茶花) 꽃술을 따들고
서투르게 사슴을 불러본다

사슴과 놀다보니
괜히 슬퍼
사슴을 데리고 사진을 찍다

- 奈良公園에서

새해 맞이

구름장을 찢고 화살처럼 퍼지는
새 날빛의 눈부심이여

설상(床)을 차리는 다경(多慶)한 집 뜰안에도—
나무판자에 불을 지르고 둘러앉은
걸인들의 남루 위에도—
자비로운 빛이여

새해 너는
숱한 기막힌 역사를 삼켰고
위대한 역사를 복중(腹中)에 뱄다

이제
우리 네게
푸른 희망을 건다
아름다운 꿈을 건다

하일산중(夏日山中)

보리삭들이 바람에 물결칠 때마다
어느 밭고랑에서 종달이가 포루룽 하늘로 오를 것 같다

논도랑을 건너고 밭머리를 휘돌아
동구릉(東九陵) 가는 길을 물으며 물으며 차츰
산 속으로 드는 낮은 그림 속의 선인처럼

내가 맑고 한가하다
낮이 기운 산중에서 꿩소리를 듣는다
다홍댕기를 칠칠 꼬는 처녀 같은 맵시의 꿩을 찾다보면 철쭉꽃이
불그레하게 펴 있다

초록물이 뚝뚝 듣는 나무들이 그늘진 곳에 활나물 대나물
미일때를 보며
―나는 배암이 무서워 칡순을 따 머리에 꽂든 일이며
파아란 가랑잎에 무릇을 받아 먹든 일이며
도토리에 콩가루를
발라먹든 산골 얘기를 생각해 낸다―

어디서 꿩알을 얻을 것 같은 산속
숙(淑)은 산나물 꺽는 데 좋고 난 송충이가 무섭고―

한 치도 못되는 벌레에게 다닥뜨릴 때마다
이처럼 질겁을 해 번번이 못난이 짓을 함은

진정 병신성스러웠다
솔밭을 헤어나 첫째 능에 절하고 들어 잔디 위에 다리를 쉰다

천년 묵은 여우라도 나올성부른 태고적 조용한 낮
내가 잠깐 현기를 느낀다

별을 쳐다 보며 -제3시집

Ⅰ 별을 쳐다보며

별을 쳐다보며

나무가 항시 하늘로 향하듯이
발은 땅을 딛고도 우리
별을 쳐다보며 걸어갑시다

친구보다
좀더 높은 자리에 있어 본댓자
명예가 남보다 뛰어나 본댓자
또 미운 놈을 혼내주어 본다는 일
그까짓 것이 다— 무엇입니까

술 한 잔만도 못한
대수롭잖은 일들입니다
발은 땅을 딛고도 우리
별을 쳐다보며 걸어 갑시다

무명전사의 무덤 앞에

- 유엔 묘지에서

사나운 이리떼 사뭇 밀려와
아무 영문도 모르는
정녕 아무 영문도 모르고 있던
평화스러운 양(羊)의 우리를
뛰어넘어 들던 날—

죄 없는 백성들 처참히 물려 쓰러지고
포악잔인(暴惡殘忍)한 앞에 어미는 자식을 감추고
아내는 남편을 감추며
하늘을 우러러 부르짖었다

저 멀리 몇 천만리(千萬里) 밖
아름다운 농원에서 일하던 이들—
첨탑이 높이 선 대학의 청년들이—
분노에 떨며 군복을 갈아입고 뛰쳐나와

아시아의 한 끝 코리어를 찾아서 찾아서
구름을 헤치고 바람을 밀치며
하늘이 까맣게 달려와 주었나니
일찍이 이방인의 모습이
이렇듯 반가운 적이 있었으랴
우리를 살리러온 그대들은 바로 천사였어라

태평양을 건너 낯설고 빈한(貧寒)한 이 땅
별로 아름답지도 장하지도 못한 건물을
총 들고 지켜주는 이역(異域)의 아침은
얼마나 어설펐으랴
홈식[1]이 뭉클 치밀 때마다
보다 준엄한 정의가 있었다

이제 그대 영원한 평화의 사도되어
동양 한구석 코리아에 조그만 면적을 차지하고
들국화(菊花)에 싸여
푸른 하늘에 안겨
여기 누웠나니

나 그대의 이름을 모르건만
이슬 젖은 돌십자가(十字架)에 조용히 이마 대며
지극히 경건한 마음하고 엎디어 절하노라

한국전장(韓國戰場)의 이름 없는 전사여
편히 쉬시라!
훈장 대신 가슴엔 별을 차고
그대 길이 땅위의 평화를 지키는 자되라

---

1) home sick

조국은 피를 흘린다

잘라진 강토에선 오늘도 피가 흐른다
할미꽃보다 더 짙은 피가 흐른다
어느 문서에 있는 죄목이기에—

이런 청천의 벽력(霹靂)만 없다면
하필 탄환 재며 피비린내 피울 거냐
달 속에 계수나무 비치는 우물에선 아내가 물을 긷는
못 잊을 촌락(村落)을 뒤에 두고
전장(戰場)으로 달림은 누구보다 평화를 사랑하는 연고로
유식(有識)한 사람들 하나같이 전쟁을 미워하는 시대에
누구는 싸움이 좋을 건가
꽃 같은 청춘들을 누구는 싸움터로 보내고 싶을거냐
기름진 강토는 전신만창(全身滿瘡)이 되고
어진 백성 짐승 모양 사뭇 잡아죽이는 마당
조국은 피를 흘리는데
우리 싸우지 않고 어찌하랴

누구보다 평화를 사랑하는 백성이기에
평화를 지키는 사람들이기에
모두다 발 구르며 싸움터로 달리는 것이다

희망

꽃술이 바람에 고갯짓하고
숲들 사뭇 우짖습니다

그대가 오신다는 기별만 같아
치맛자락 풀덤불에 긁히며
그대를 맞으러 나왔습니다

내 낭자에 산호(珊瑚)잠 하나 못 꽂고
실안개 도는 갑사치마도 못 걸친 채
그대 황홀히 나를 맞아주겠거니—
오신다는 길가에 나왔습니다

저 산(山)말낭에 그대가 금시(今時) 나타날 것만 같습니다
녹음(綠陰) 사이 당신의 말굽소리가 들리는 것 같습니다
내 가슴이 왜 갑자기 설렙니까

꽃다발을 샘물에 축이며 축이며
산마루를 쳐다보고 또 쳐다봅니다

설중매

송이 송이 흰빛 눈과 새워
소복(素服)한 여인모양 고귀하여
어둠 속에도 향기로 드러나
아름다움 열 꽃을 제치는구나

그윽한 향 품고
제철 꽃밭 마다하며
눈속에 만발함은
어느 아낙네의 매운 넋이냐

검정 나비

너를 피(避)해 다름질치기 열 몇 해
입 축일 샘가 하나 없는 길
자갈돌 발부리 차 피내며
죽기로 달리다

문득 고개 돌리니
너는 내 그림자— 나를 따랐구나
내려 앉는 꽃잎 모양
상장(喪章)과도 같이

나 이제
네 앞에 곱게 드리워 지나니
오— 나의 마지막 날은 언제냐

아름다운 얘기를 하자

아름다운 얘기를 좀 하자
별이 자꾸 우리를 보지 않느냐

닷돈짜리 왜떡을 사 먹을 제도
살구꽃이 환한 마을에서 우리는 정답게 지냈다

성황당 고개를 넘으면서도
우리 서로 의지하면 든든했다
하필 옛날이 그리울 것이냐만

네 안에도 내 속에도 시방은
귀신이 뿔을 돋쳤기에

병든 너는 내 그림자
미운 네 꼴은 또 하나의 나

어쩌자는 얘기냐, 너는 어쩌자는 얘기냐
별이 자꾸 우리를 보지 않느냐
아름다운 얘기를 좀 하자

- 1952년 5월

산 염 불

산염불(山念佛) 소리 꺾이어 넘어가면
커—단히 떠오르는 얼굴 있어
우정 산염불 틀어놓고는
우는 밤이 있어라

비인 주머니하고 풀 없이 다니던 일
쩌릿하니 가슴에다 못을 친다
지금쯤 어느
쥐도 새끼를 안 친다는 그 땅광에서
남쪽 하늘 그리며
큰 눈 꺼벅이고 있는지
겁먹은 눈을 뜬 채 또 쓰러져 버렸는지—

그리운 마을

산(山)엔 칡덤불 위에 다래와 으—름이 열었겠다
머루는 서리를 맞아야 달았다
박우물가엔 언제나 질동이 속 뉘집 도토리가 울궈지고[1]
좋은 것은 다 읍(邑)엘 가야만 사왔다
거렁뱅이도 상을 받쳐주는 사람들
잘 생긴 느티나무 아래서 태고연(太古然)히
조바심도 시기(猜忌)도 없던 마을
총소리나 말굽소리는 더구나 멀었다

---

1) 우려지고의 함경도 사투리.

이산(離散)

어쩔수 없는 마지막 시간이 왔다
'그럼 난 떠나야지'

아버지는 식구들에게 일렀다
'다시 우리 오게 되는 땐
집이 없어졌드라도 이 터전에서들 만나기로 하자'

아이 어른은 대답 대신 와— 울음이 터져 버렸다
태극기에서 떨어지는 날은

이렇듯 몸둘 곳이 없어졌다—

대한민국이 죽은 사람 모양 그리웠다

어떤 친구에게

같은 별 아래 태어난 여인이기에
너와 나는 함께 울었고 같이 웃었다
너를 찾아 밤길을 간 것도
내 가슴을 펼 수 있는 네 가슴이었기—

대학 교정에서 그대를 만났을 제
내 눈은 신록(新綠)을 본 듯 번쩍 뜨였고
손길을 잡게 되던 날 내 가슴은 뛰었었나니
그대와 나는 자매별 모양 빛났더니라

나를 보는 이 네가 떠올랐고
너를 대하는 이 또 나를 생각해 냈다

어떤 사람 너를 더 빛난다 했고
다른 이 또 나를 더 좋다 했다

너와 나 같은 동산에 서지 않았든들
너 나를 이런 곳에 밀어 넣지는 않았을 것이고

우리는 얼마나 더 정다왔으랴

농가의 새해

흙을 사랑하는 사람들
일생(一生) 흙에 살다

논이랑 밭이랑 내다 보이는 푸른 들녘은
어느 보화(寶貨)보다 좋고

흙은 그대로 아름다운 것
향기 누우러니 흰옷에 배이다

초가집 도란도란 이웃해 앉아
이 아침 저들은
농가의 새해를 마른다

송년부(送年賦)

– 신묘년에 부치는

소돔, 고모라도 아니건만 재앙이 내려
꽃봉오리 같은 젊은이들이
산 제물로 바쳐졌나니

마지막 이 저녁
너는 무엇을 주고 떠나려느냐

아우성치는 저 군중들에게
무엇을 가지고 위로할 것이냐

어둠과 불안이 충충한 거리를
숱한 사람들의 대열이 무겁게 흐른다
가나안 복지(福地)를 향해서가 아니란다

하나같이 낮 없는 날들이었다
검은 망토 자락 같은 날들—
어느 구석에 꽃 한송이라도 피워보았느냐

너와는 작별이 좋다
아름다운 얘기도 있을 수가 없지 않느냐
종은 울려라
제야의 종은 울려

우렁차게 울려라
성(城) 안팎 속속들이
옛것은 나가라— 종을 울려라

북으로 북으로

칡넝쿨 우거진 산협(山峽)을 지나
태극기 출렁거리던 마을을 생각하며
지금쯤 어느 고지를 지키고 있느냐

아카시아의 흰 꽃이 향기롭던 아침
너는 임께 바친 몸이었어라

약소민족의 비애를 삼키며
조국이 위태하던 아침
대한의 남아(男兒)답게 내달아
정의의 칼을 집고 전열에 끼었나니
오늘은 북으로 북으로—

꽃망울 같은 젊은이들
조국을 위하여 자유를 위하여
군화소리 드높이
끝날 줄 모르는 전열이 굽이치며 지나간다

우리의 서울을 불사르고
아버지와 남편을 끌어가고
죄 없는 사람들을 죽이고 간
우리의 원수를 찾아서—

'원수를 갚아다우!'
아버지의 시체는 의정부 산 기슭에
눈을 뜬 채 쓰러져 있었다

별을 인 이 밤에도
군화(軍靴)소리 드높이
북으로 다시 북으로—

상이군인

- 국립 중앙정양원을 찾고

머리 저절로 숙어지는 앞
따뜻한 말 한마디 건네보고 싶어
번번이 돌려놓곤 한참 서서 다시 바라본다
만국평화회의(萬國平和會議)엔 그대가 증거로 나서야 할 게다

손톱 하나가 빠지는 데 죽을 뻔했다
팔을 자르다니— 다리를 둘 다 자르다니—
두 눈을 없이 한다—
나는 현기가 난다, 몸이 다 아파 들어온다
진정 생각도 할 수 없는 일이다
이것을 감행한 용사가 있다
여기 있다

다리 없는 바짓자락이 철러덕 거릴 때마다
보는 사람 가슴 밑창에서 경례(敬禮) 우러나오고
미안한 생각 바위처럼 내리눌렀다

그는 병신(病身)이 아니다. 나라 위해 바친
귀한, 없는 팔을
가진 사람이다
나라에 바친 귀한, 없는 다리를
가진 사람이다

어느 뛰어나는 애국연설도
이 없는 다리만큼은 웅변이 못될 게다
온 백성이 드리는 가장 큰 꽃둘레를 받아라
왼갖 존귀와 영광을 그대에게 돌리노라

(1952년 추석 전날)

눈 보 라

눈보라 속에 네거리 사람들은
오직 고, 스톱을 몰라 당황해한다

동상 하나 못 선 로터리에도
눈이 오니 괜찮다

이런 날도 뜨거운 창안에서
사무를 생각해야 하는 사람들이 있겠다

눈이 펑펑 쏟아지면
내 속에선 사과꽃이 핀다

이대로 걸음이 내 집을 향해선 안 된다
어디로 가야만 하겠다
누구와 더불어 얘기를 해야만 될 것 같다

- 1949년 2월

기계 소리

공장은 소리쳐 시민들을 흔들어 깨우고
벌써 오늘의 전열(戰列)에 들어섰다
왕왕대는 기계소리 동력의 피대(皮帶)소리

음악에 끌려 차방(茶房)으로 빠진다는 아씨처럼
기계 소리에 신이 나 숙이는 공장(工場)으로 든다

한낮이면 날개를 펴 구경시키는
거리의 병든 공작(孔雀)들은
언제나 수치(羞恥)를 배울 수 있을는지
기계 소리 사람을 삼키려드는 속에
숙이는 영웅처럼 돌아간다

나를 뽑아달라는 지루한 연설보다
여공(女工)은 얼마나 잘 하는 일이냐

모터가 돌아간다
장부책(帳簿冊)엔 생산량이 기입된다

묵묵히 조국의 동맥이 되는 사람들
오늘도 말 없이 웅장한 기계소리를 낸다

壬辰頌

白頭山 天池에 누부신 瑞光이어리었다
三千里 동라 시냇가에
우렁찬 民族의 노랫소리 러지네 한다
집집의 촛불레를 밝들어라
우리 용님을 맞으려 나가자
지천 사람들의 밤을 시워기라졌거니
壬辰의 상서로운 새해의 둔이든다

시
그천명
그림 빈구윈

그네

남갑사치마에 홍갑사댕기를
충충 땋내린 머리 끝에 물리고
그네 위에 흐능청 올라섬은
열 일곱 용기렸다

느티나무 잎사귀 입에 따물며
오이씨 같은 발부리가 창공을 차고
까아맣게 늘였다 들어오는 길은
현기와 함께 신이 나는 법이겠다

5월의 하늘은 월남옥색인데
힘 있게 하늘을 차는 이 땅 처녀들의 기상은
낙랑시절(樂浪時節)의 여인인가

그네를 맘껏 늘였다 천천히 들어옴은
승전을 하고 드는 용사의 모습과도 같으이—

Ⅱ 영어(囹圄)에서

눈이 찾아주는 날

눈이 날린다

철창 밖에 눈이 날린다

내 좋은 눈이 여기까지 찾아 주었다

마음은 발돋움을 하고 내다 본다

눈 오는 들판을 내 마음은 눈과 함께 달린다

마음은 푸른 하늘을

높은 담장이 가로막고
무거운 철문이 나를 넣고 잠겼어도

마음의 창문은 열려 있어
나는 이 누더기 속에 있지 않다
이 붉은 계열 속에 있지 않다

마음은 언제나 푸른 하늘을—
대한의 푸른 하늘을—

별은 창에

잘드는 비수로 가슴속 샅샅이 헤쳐보아도
내 마음 조국을 잊어본 일 정녕 없거늘
어인 일로 나 이제 기막힌 패를 달고
여기까지 흘러왔느냐

단잠을 앗아간 지리한 밤들이
긴 짐승 모양 징그럽게 감겨들고
밝기를 기다리는 괴로운 시시각각
한숨과 더불어 몸 뒤적이면
철창은 바람에 울고
밤이슬 소리 없이
유리창에 눈물짓는 새벽

별은 창마다

지옥

밖에서 열어 주어야만 나갈 수가 있다
누가 죽어 넘어져도 소용없다

온갖 것은 해주기만 바라야 하는 곳
하나에서 열까지 정말 하나에서 열까지
후유―
여기가 지옥이로구나
주먹밥 한 개 먹고 나면 다음은 이 사냥
머리를 풀어헤치고 누운 할머니
삼경(三更)에 변기 위에서 미치는 젊은 여인
발진티푸스 환자
파충류들 모양 마룻바닥에 가 늘어졌다
이 틈에 가 끼어서 나는
하루하루 더 쭈글쭈글해가는 내 손등을 들여다 본다

그믐날

청각과 후각이 이처럼 발달하랴
인가가 어딘데 기름 냄새를 맡아들이느냐
사뭇 환장을 하려든다
어머니가 생각난 소녀
아이들이 보고 싶어진 어머니
이구석 저구석에 울음빛이다

내사 아무렇지도 않다
징그러운 이 해가 가는 것만 좋다

어서 새해가 밝아라
떡국이 없음 어떠냐, 그저 새해가 밝아라

유령 같은 친구들이 옹기중기 앉아
꿈 해몽이 아니면
날마다 일과는 어찌 그리 음식 얘기냐
입으로 수수엿을 고고 두테떡을 만든다
언제 나가서 이런 걸 다시 해보느냐고
경주 아주머니는 또 눈물을 닦는다

– 1950년

누가 알아주는 투사냐

자신 없는 훈장이 내게 채워졌다
어울리지 않는 표창이다
5등 콩밥과 눈물을 함께 씹어 넘기며
밤이면 다리 팔 떼어놓고 싶게
좁은 잠자리에 주리 틀리우고

날이 밝으면 날이 날마다 걸어보는 소망
이런 하루 하루가 내 피를 족족 말리운다
이런 것 다 보람 있어야 할 투사라면
차라리 얼마나 값 있으랴만

나는 무엇을 위해 이 고초(苦楚)를 받는 것이냐
누가 알아주는 투사냐

붉은 군대의 총뿌리를 받아
대한민국의 총뿌리를 받아
샛빨가니 뒤집어쓰고
감옥에까지 들어왔다
어처구니 없어라 이는 꿈일 게다
진정 꿈일 게다

밤새 전선줄이 잉잉대고 울면
감방 안에서 나도 운다
땟국 젖은 겹옷에서 두고 온 집 냄새를
웅켜 마시며마시며
어제도 꿈엔 집엘 가 보았다

철창의 봄

푸른 옷을 입은 여수(女囚)는
요새 와서
창 밖을 내다보는 버릇이 부쩍 심(甚)해졌다

여인의 눈이 떨어지는 곳엔
눈이 녹는 자리 파—란 쑥이 드러났다
며칠 뒤
늘 창 밖을 내다보던 여인은
병이 나서 덜컥 누워버렸다

언 덕

창으로 하늘이 들어온다
눈만 뜨면 내다 보는 언덕
소나무가 서너 개 아무것도 없다
오늘도 소나무가 서너 개 아무것도 안 뵌다

방안 풍경이 보기 싫어
온종일 언덕을 바라본다
사람이 지나가면 눈이 다 밝아진다

전보(電報)대 모양 우뚝 선 사람이 둘
혹시 나 아는 이가 아닐까

가슴이 답답하면 언덕을 본다
눈물이 나면 언덕을 본다
이방(異邦) 같애 쓸쓸하면 언덕을 본다
언니랑 조카가 보고프면 언덕을 본다

저승인가 보다

내가 저승엘 왔나 보다
아무래도 여기가 저승인가 보다
바깥 세상과는 완전히 끊어져
아―무도 나를 찾아주는 이 없구나
그들은 확실히 딴 세상에 산다

모녀의 출감

엄마는 트럭을 타고 형무소묘지로
애기는 승용차를 타고 고아원으로
모녀는 이렇게 소원이던 출감을 했다

엄마가 감방에서 애기를 낳던 날 밤엔
비바람이 우짖고 뇌성벽력을 하드란다

징역 3년을 다 못산 어느 날 저녁
봉화(奉化)아주머니는 이렇게 출감을 했다

이태보다 한 주일

2년을 메고 다 살았다는 광주댁이
출감 날짜를 받아왔다
콩밥이 예순뎅이 남았단다

열밤을 남겨놓고
사뭇 못 견딘다

일곱밤이 남은 날 저녁
광주댁은 열을 내고 몸져 앓았다

면 회

'노천명이 면회'
철꺼덕 감방문이 열린다
이렇게 반가운 말은 다시 없다
허둥지둥 간수의 뒤를 따르며
머리에 떠오르는 친한 얼굴들—

번번이 나타나는 이는 오직
눈물 어린 언니의 얼굴
반갑고 미안한 생각
언니 앞에 머리를 숙이다
날마다라도 오고 싶은 형무소라 한다

애기보다 메기고 싶어 내놓은 음식
눈물에 어려 떡도 나마가시도 보이지가 않는다
그만 헤어지라는 간수 말에
두고 가는 이나 떨어지는 가슴
바로 곧 핏줄이 땡긴다

— 1951년 1월 15일

콩 한 알은 황소가 한 마리

비둘기가 아니라도
콩이 좋아
꼭 찍은 오등(五等) 콩밥에 노오라니 박힌 걸
빠끔빠끔 빼 먹으면
보리밥 덩어리가 보기 좋게 얽는다

이 안의 콩 한 알은 밖의 황소가 한 마리란다
소금을 설탕인 양 맛있게 먹는 족속들이 있다

유명하다는 것

유명하다는 건 얼마나 거북한 차림 차림이냐
이 거추장스런 것일래
나는 저기서도 여기서도
걸려 넘어지고
처참하게 찢겨졌다

아무도 관심을 안 해주는 자리는
얼마나 또 편한 위치냐

거지가 부러워

온 방안 사람이 거지를 부럽단다
나도 거지가 부러워졌다
빌어먹으면 어떠냐
자유! 자유만 있다면

저 햇볕 아래 깡통을 들고도
저들은 자유로울 것이 아니냐
네가 무엇을 원하느냐 묻는다면
나는
첫째로 자유
둘째로 자유
셋째도 자유라 하겠다

개 짖는 소리

개 짖는 소리가 들려온다
아는 이의 음성처럼 반갑구나
인가가 여기선 가까운가 보다

개 짖는 소리를 듣고 있으면
식구들 신발이 뒷돌 위 나란히 놓인
어느 집 다행한 정경이 떠오른다

날이 새면 부엌엔 밥김이 어리고
화롯가엔 찌개가 보글보글 끓고
할머니가 잔소리를 해도 좋을 게다

새벽녘 개 짖는 소리는
인가의 정경을 실어다 준다
감방 안에서 생각하는 바깥은
하나같이 행복스럽기만 하다

– 1951년 2월 3일

감방 풍경

해산어멈같이 입들이 달아 콩밥이 맛있어
오동짓달에 샤쓰도 벗어 준다
한뎅이 밥을 양보하는 건 이 안에서 위대한 일이다

함께 지내는 지 달포에
서로 이름을 묻지 않았다
'58번', '12번'으로 불편 없이 통함에랴

좋은 별명을 까닭 없이 싫어하는
잘 생긴 나폴레옹 할머니
'오늘은 날이 좋으니
말을 타고 알프스 산이나 넘어 보시죠'

짐승 모양

우리 안에 넣어 놓면
짐승이 되나보다
할머니와 젊은 여인이
짐승 모양 으르렁댄다

창 구멍으로 밥이 들어올 제
잠자리를 잡을 제면
오굿탕치듯 굿을 하고
문밖에서 호랑이 간수의 채찍이 운다

이 사람들을 면할 도리는 없는 일
감옥 속에 또 감옥살이가 있다

고 별

어제 나에게 찬사와 꽃다발을 던지고
우뢰 같은 박수를 보내주던 인사들
오늘은 멸시의 눈초리로 혹은 무심히
내 앞을 지나쳐 버린다

청춘을 바친 이 땅
오늘 내 머리에는 용수가 씌워졌다
고도(孤島)에라도 좋으니 차라리 머언 곳으로—
나를 보내다오
뱃사공은 나와 방언이 달라도 좋다

내가 떠나면
정든 책상은 고물상이 업어갈 것이고
애끼던 책들은 천덕구니가 되어 장터로 나갈 게다

나와 친하던 이들 또 나를 시기하던 이들
잔을 들어라 그대들과 나 사이에
마지막인 작별의 잔을 높이 들자

우정이라는 것 또 신의라는 것
이것은 다 어디 있는 것이냐
생쥐에게나 뜯어먹게 던져 주어라

온갖 화근이었던 이름 석 자를
갈기갈기 찢어서 바다에 던져 버리련다
나를 어느 떨어진 섬으로 멀리 멀리 보내다오

눈물어린 얼굴을 돌이키고
나는 이곳을 떠나련다
개 짖는 마을들아
닭이 새벽을 알리는 촌가(村家)들아
잘 있거라

별이 있고
하늘이 보이고
거기 자유가 닫혀지지 않는 곳이라면—

– 1951년 3월 11일

이름없는 여인되어

어느조그마한산골로들어가나는이름없는여
인이되고싶소초가지붕에박넝쿨올리고삼밭
엔오이랑호박을놓고들장미로울타리를엮어
마당엔하늘을욕심껏들여놓고밤이면실컷별
을안고부엉이가우는밤에도내사외롭지않겠
소기차가지나가버리는마을놋양푼의수수엿
을녹여먹으며내좋은사람과밤이늦도록여우
나는산골얘기를하면삽살개는달을짖고나는
여왕보다더행복하겠소 신묘 구천명시 하천장인속

고함을 칠 것 같아

우리 안에 든 짐승 모양
왼종일 바깥만 내다 본다

밖에서 돌아가며 히히대는 사환소년이
무슨 정승같이 부럽구나

어디 상처를 지닌 짐승 모양
우리 속에서 나는 사뭇 꿍꿍 앓아댄다
고함을 쳤으면 시원할 것 같다
소래기를 크게 질러 버릴 것 같은 순간이 있다

《별을 쳐다보며》의 후기

문학을 하는 나이가 들수록 나는 내 문학에 대한 불만과 부단(不斷)의 의혹을 품게 된다.

그러면서도 또 이 길을 버리고 다른 데로 들지 못하는 까닭은 문학 자체에의 신념을 버리지 못할 뿐더러 그것은 또 점점 더 강렬하게 박혀지기 때문이다.

6·25 사변은 실로 내게서 여러 가지를 앗아가 버렸다. 수십년을 닦아 논 여러 가지들을 — 말할 나위도 없는 것이 내 청춘까지를 앗아가 버렸음에랴—

그러면서도 빼앗기지 않은 것이 있으니 바로 문학 그것이다. 내게 남아 있는 오직 하나의 행(幸)이 아니랄 수 없다.

그 담장이 높은 집 속에서 나는 몇 번인지 '여기서 나가는 날엔 문학이고 무엇이고 다 집어 던져 버리겠다'고 마음을 먹었던 것이 막상 나와 놓고 보니 문학에의 정열은 불사조 모양 잿더미 속에서 퍼덕거리며 일어나 다시 내게 안겨졌다.

잘하나 못하나, 행이든 불행이든 나는 문학과 더불어 걸어가기로 했다.

내 친구들은 결국엔 나를 버리지 않았다. 나를 알아주고 아껴주는 사람들이 사는 곳은 역시 대한민국이었다.

내 얼었던 몸을 여기 녹이며 정신을 차려 이 시집을 엮는 새벽은 그야말로 '슬픔과 기쁨이 섞여 피어' 내 느낌은 무량(無量)한 바가 있다.

여기 모은 작품들은 I의 《별을 쳐다보며》가 비교적 최근작들이고 6·25가 낳아 놓은 내 기막힌 얘기들을 II《영어(囹圄)에서》에다 넣고 동란 통에 책들을 대부분 잃어버렸다는 독자들의 말도 있고 해서 《산호림》, 《창변》, 동지사판 내 시집

가운데서 마음에 드는 것을 몇 편 추려서 Ⅲ 《검정나비》에다 얹었다.

이 시집을 내면서 지나칠 수 없는 일은 옥중에서 나에게 시를 쓰는 일을 하게 해주었던 부산 형무소 간수장 유회열씨 및 한은동씨의 후의에 감사드리며 또 이번에 이 시집이 세상에 나오는 데 있어 대한인쇄공사 정순성씨의 후의에 감사하는 바이다

1952년 11월15일
부산 여사(旅舍) 등하(燈下)에서
~저자 적음~

사슴의 노래—제4시집

캐피털 웨이

샅샅이 드러 내놓는
대낮은 고발자(告發者)
눌러보고 싸주어 아름답게만 보아주는
밤은 연인

시속 15마일의 안전상태로
나 이 밤에 캐피털 웨이를 달린다
낮에 낙엽을 줍던 이도 안 보이고
다람쥐처럼 옹송그리고 밤을 굽던 소년도 그 자리에 없다

하나 좋은 줄 모르고 날마다 오르내린 이 길이
오늘밤 유난히 멋지고 곱구나
몇 백환 택시의 효과여

가로수를 양옆에 끼고
포도(鋪道)를 미끄러지는 맛이 괜찮구나
보초대신 칸칸이 늘어선
나의 수박등들의 아름다움이여
개 짖는 집 하나 없는 이 골목을
난 이제 조심조심 들어가야 한다
남의 집 급한 바느질을 하는 모퉁이집 할머니를 위해서
시린 손을 불며 과자봉지를 붙이는 반장아저씨를 위해서
기침도 삼키고 나는 근신하며 들어서야 한다

봄의 서곡

누가 오는데 이처럼들 부산스러운가요
목수(木手)는 널빤지를 재며 콧노래를 부르고
하나같이 가로수들은 초록빛
새옷들을 받아들었습니다
선량한 친구들이 거리로 거리로 쏟아집니다
여자들은 왜 이렇게 더 야단입니까
나는 포도(鋪道)에서 현기증이 납니다
3월의 햇볕 아래 모든 이지러졌던 것들이 솟아오릅니다
보리는 그 윤나는 머리를 풀어 헤쳤습니다
바람이 마음대로 붙잡고 속삭입니다
어디서 종달이 한놈 포르르 떠오르지 않나요
꺼어먼 살구남기[1]에 곧
올연한 분홍 베일이 씌어질까 봅니다

―――――――――――
1) 나무의 사투리

214

선취(船醉)

언제 떠날지 모르는
3등 선실에서
나는 질식할 것 모양 가슴이
답답해온다
갑판 위로 좀 나갔으면 하나
내 주머니 속엔 지화(紙貨)대신 원고지뿐
수건으로 입을 막고 빈사상태다

이것 좀 봐요
이런 도둑놈들이 있어요, 글쎄
바다 밑에서 오는 것 같은
모기소리만한
이런 애기를 들으면서도 또 나는
여전(如前)히 자꾸만 메스껍다
눈을 어따가 주어야 좀 나으냐

아름다운 새벽을

내 가슴에선 사정(事情) 없이 장미가 뜯겨지고
멀쩡하니 바보가 되어 서 있습니다

흙바람이 모래를 끼얹고는
껄껄 웃으며 달아납니다
이 시각에 어디메서 누가 우나봅니다

그 새벽들은 골짜구니 밑에 묻혀 버렸으며
연인은 이미 배암의 춤을 추는지 오래고
나는 혀끝으로 찌를 것을 단념했습니다

사람들 이젠 종소리에도 깨일 수 없는
악(惡)의 꽃 속에 묻힌 밤

여기 저도 모르게 저지른 악(惡)이 있고
남이 나로 인(因)하여 지은 죄(罪)가 있을 겁니다

성모 마리아여
임종모양 무거운 이 밤을 물리쳐 주소서
그리고 아름다운 새벽을

저마다 내가 죄인이노라 무릎꿇을—
저마다 참회의 눈물 뺨을 적실—
아름다운 새벽을 가져다 주소서

6월의 언덕

아카시아꽃 핀 6월의 하늘은
사뭇 곱기만 한데
파라솔을 접듯이
마음을 접어가지고 안으로만 들다

이 인파 속에서 고독이
곧 얼음모양 꼿꼿이 얼어들어옴은
어쩐 까닭이뇨

보리밭엔 양귀비꽃이 으스러지게 고운데
이른 아침부터 밤이 이슥토록

이야기해 볼 사람은 없어
파라솔을 접듯이
마음을 접어 가지고 안으로만 들다

장미가 말을 배우지 않은 이유를
알겠다
사슴이 말을 안 하는 연유도
알아 듣겠다

아카시아꽃 핀 6월의 언덕은
곱기만 한데—

낙 엽

간밤에 나는 나무 밑에 들어가서
그들의 회의광경(會議光景)을 보았습니다

플라타너스는 사시나무 떨 듯하며
무서운 소리를 내고 있었습니다

밖엘 나서니 바람 한 점 없는
자는 듯 조용한 밤하늘인 것을—

어젯밤 그처럼 웅성거리더니
아침에 발등이 안 뵈게
누우런 잎사귀들을 떨구어 놨습니다

시들은 잎사귀를 떨어버리는 데
그렇게 엄숙한 회의를 했군요

겨울을 이겨낼 투사는
하나도 없었나 보죠

플라타너스의 가을밤 회의는
준엄한 것이었습니다.

독백

밤은 언제부터인지 안식의 시간이 못되어
눈을 뜨고—
올빼미처럼 눈을 뜨고 깨어 있는 밤

시계소리를 듣기에도 성가신
해초(海草)와도 같이 후줄근해진 영혼이여

샹들리에 밑이 어두워서
나는 내 소중한 열쇠를 못 찾고
손수건같이 구겨진 오늘을 응시하며
한밤중 올빼미모양 일어나 앉아
낙하산의 현기증을 느낀다
무도회는 언제나 지켜서들 쓰러질 것이냐

꿈속에서 모양 나는 맥아리가 하나도 없고
해감 속에서
한 발자욱도 옮겨놔지지가 않는다

별도 이제 내 친구는 못되고
풀 한 포기 나지 못한 허허벌판에서

전투기의 공중선회적현기증(空中旋回的眩氣症)

장미빛 새벽은 멀다치고

회 상

잠 한숨 못 이루게
남산과 북악이 밤새껏 흐느껴 울었음은
천지가 바뀌는 큰 슬픔이었구나

화려하던 도성은 하루 아침
무례한 군화에 짓밟히고

잔약한 백성들 어릿광대 모양
얼굴에 칠들을 하고 어색하게 나섰다

골목 좁은 길에서 또 상점 앞에서
일찍이 친구들과 더불어 던졌던 애기를 주움은
길가에 꽁초를 줍는 이와 같은 아쉬움

가로수도 죽은 듯 공포에 서 있는 오후
가까운 이 하나 볼 수 없는 슬픈 거리여
모든 기관이 정지한 죽은 거리여!
개새끼가 물어간대도 돌아볼 친구 하나 없다

잠 한숨 못이루게
남산과 산악이 밤새껏 울었음은
천지가 바뀌는 큰 슬픔이었구나

불덩어리 되어

더 참을 수 없이 임종처럼 괴롭던 밤
이 부드득 갈며 어려운 고비 깜빡할 제
왼 누리를 둘렀던 어둠, 번개같이 찢기며
활짝 열린 새 천지(天地)

물었다 놓은 이 자욱도 생생하게 원수 물러가던 날
삼천만 하나같이 마음자리 바로 하고
저마다 죄송하게 우러러 보던 조국의 얼굴

1945년 8월 15일
이날은 위대한 날이었어라

이 땅의 일본제국주의가 당황(唐慌)히 꺼꾸러지고
도시와 촌락 거리거리엔 사슬이 풀린 사람들

태극기 흔들며 노도모양 밀려들어
척을 진 친구와도 입을 맞추던 그날―
우리 다같이 가슴에 손 없고 착해졌던 날, 이날을 잊지는 않았으리

하필 이스라엘 백성만이 어리석었으랴
임의 얼굴을 다시 가리려는 자는 누구냐

38선 저 넘어선 카투사 포소리도 은은히
슬라브의 음흉한 침략의 손길이 뻗어오는데
형제들아 우리는 무엇을 탐하고 있느냐
우리의 눈들은 원수 이외에 무엇을 노리는 것이냐

대한의 맥박이 뛰는 손에 손을 쥐고
8년전 우리들의 8·15로 돌아가자
여기서 우리 서로 껴안고
금하나 안 간 한 덩어리 되어
이것은 또 불덩어리 되어
우리들의 원수의 가슴패기를 뚫자

남대문 지하도

우물거리는 것들은 땅의 벌레가 아니라
하늘의 아들들이요
층계는 실로 천층만층(千層萬層)

'만년필 사보시죠'
'오늘 아침 신문입니다'
'고무줄 삽쇼'
다음 것이 오기 전(前)에 현기증이 난다

다리 다리 다리
광풍이 뿌리는
빗발 같은 다리들이
소나기처럼 지나간다

두꺼비 모양 엎드리고 있는 것은
빵장수 영감
두고온 고향의 사과밭이 생각났나 보다

아침해도 안 드는 지하도(地下道)
나비가 날아들면 당장 숨이 막힐 곳
많지도 않은 욕망들인데
머리 위에 전차를 이고
저들은 서어커스를 한다

5월의 노래

보리는 그 윤기나는 머리를 풀어 헤치고
숲 사이 철쭉이 이제 가슴을 열었다

아름다운 전설을 찾아
사슴은 화려한 고독을 씹으며
불로초 같은 오시(午時)의 생각을 오늘도 달린다

부르다 목은 쉬어
산에 메아리만 하는 이름—

더불어 꽃길을 걸을 날은 언제뇨
하늘은 푸르러서 더 넓고
마지막 장미는 누구를 위한 것이냐

하늘에서 비가 쏟아져라
그리고 폭풍이 불어다오
이 5월의 한낮을 나 그냥 갈 수는 없어라

비련송(悲戀頌)

하늘은 곱게 타고 양귀비는 피었어도
그대일래 서럽고 서러운 날들
사랑은 괴롭고 슬프기만 한 것인가

사랑의 가는 길은 가시덤불 고개
그 누구 이 고개를 눈물 없이 넘었든고
영웅도 호걸도 울고 넘는 이 고개

기어이 어긋나고 짓궂게 헤어지는
운명이 시기하는 야속한 이 길
아름다운 이들의 눈물의 고개

영지못엔 오늘도 탑그림자 안 비치고
아사달은 뉘를 찾아 못속으로 드는 거며
구슬아기 아사녀의 이 한을 어찌푸나

저버릴 수 없어

누가 뭐라고 하든
내가 이 땅을 저버릴 수 없어
불타는 가슴을 안고

오늘도
보리밭 널리 들판을 달리다
착한 사나이가 논을 갈고
지어미가 낮밥을 이고 나온 논뜰

미나리 냄새 나는 흙에 입맞추고 싶구나
누가 뭐라고 하든
나는 이 땅을 저버릴 수 없어
노여운 눈초리를
5월의 푸른 가랑잎으로 씻어보다

추풍에 붙이는 노래

가을 바람이 우수수 불어옵니다
신(神)이 몰아오는 비인 마차소리가 들립니다
웬일입니까
내 가슴이 써―늘하게 샅샅이 얼어듭니다

'인생은 짧다' 고 실없이 옮겨본 노릇이
오늘 아침 이 말은 내 가슴에다
화살처럼 와서 박혔습니다
나는 아파서 몸을 추슬 수가 없습니다

황혼이 시시각각으로 다가섭니다
하루하루가 금싸라기 같은 날들입니다
어쩌면 청춘은 그렇게 아름다운 것이었습니까
연인들이여 인색할 필요가 없습니다

적은 듯이 지나가버리는 생(生)의 언덕에서
아름다운 꽃밭을 그대 만나거든
마음대로 앉아 노니다 가시오
남이야 뭐라든 상관할 것이 아닙니다
하고 싶은 일이 있거든 밤을 도와 하게 하시오
총기는 늘 지니어지는 것이 아닙니다

나의 금싸라기 같은 날들이 하루하루 없어집니다
이것을 잠가둘 상아궤짝도 아무 것도
내가 알지 못합니다

낙엽이 내 창을 두드립니다
차시간(車時間)을 놓친 손님 모양 당황합니다
어쩌자고 신은 오늘이사 내게
청춘을 이렇듯 찬란하게 펴 보이십니까

3월의 노래

3월이 오면, 이 땅에 3월이 오면
골짜기 산등세 불붙듯 번질
진달래 꽃망울 부풀어 오르듯
우리들 가슴 속 용솟음치는
삼·일의 정신—민족의 맥박—

3월이 오면, 이 땅에 3월이 오면
산에서도 뻐국 들에서도 뻐국
자연의 곡조 시냇가에 흐르듯
우렁차게 퍼지는 민족의 노래, 3월의 노래

조국의 독립을 찾아 매운 싸움 있었나니
울안의 홍도화(紅桃花)는 유관순의 넋인가
3월은 장(壯)한 달, 이 나라의 아름다운 달
거리 거리 골목 골목
독립정신이 출렁거리는 달

꽃길을 걸어서

- 4월의 기도(祈禱)

그 겨울이 다 가고
산에 갔던 아이들 손엔 할미꽃이 들려졌다
사립문에 기대어 서서
진달래 자욱한 앞산을 바라보면
큰애기의 가슴은 파도모양 부풀어 올랐다
4월 큰애기의 꿈은 무지개같이 찬란했다

웬일인지 이 봄엔 38선이 터지고
나갔던 그이가 돌아올 것만 같다
'갔다 오리다'
생생하게 지금도 귀에 들린다
군복을 입은 모습
어찌 그리 늠름하고 더 잘나 보였을꼬

그이가 일선으로 나간 뒤부터
뉴스영화의 군인들이 모두다
그이 같아 반가와졌다

주여
이 봄엔 통일을 꼭 가져다 주소서
그리하여
진달래 곱게 핀 꽃길을 걸어서
승전한 그이가 돌아오게 해 주소서

새 벽

왼 누리에 그 소리 널리 퍼뜨리며
성당 종이 웁니다
벌써 몇 차례를 성당 종이 웁니다
새벽 미사엘 가는 사람들의
바쁜 걸음소리가 어둠 속에 들립니다

지새는 하늘 아래
간밤의 괴로움도 잊어버린 듯
객주집 손들은 행장을 차리노라 수선스럽습니다
기다렸던 아침이 왔기에
서리찬 새벽 바람을 머리에 이고도
사람들은 저마다 기쁨에
길을 떠납니다

밤 중

도적고양이가 기왓장을 살포시 딛는 시각
나는 왜 눈이 뜨였는지 모르겠다

아무리 눈을 꺼벅거려도 한방되는 어둠만
눈으로 입으로 들어올 뿐이다

버레들 우는 소리가 빗소리같다
숱한 젊은이들의 정령의 소리도 같다

첫닭이 운다
어디서 지금쯤 유다의 후예는 또
내일 아침 제 장사를 30 은전 보다 더 싼 값으로
팔아먹을 궁리를 하는지도 모른다

동이 트려면 아직도 멀었나 보다
나는 어둠을 헤치러 나가는
자꾸 바닷물처럼 들이킨다

오늘

무엇에 쫓기는 것일까
막다른 골목으로 막다른 골목으로
내가 쫓기는 것만 같다

나를 따르는 것은 빚쟁이도 아니요
미친개도 아니요
더더군다나 원수는 아니다

밤의 안식은 천년의 세월이 덮은 듯 아득한 전설
네거리 횡단길에 선 마음
소음에 신경은 사정 없이 진동되고
내 눈은 고달파 핏줄이 섰다

밤 천정(天井)의 한 마리의 거미가
보기 좋게 사람을 위협할 수도 있거니

무엇에 쫓기는 것일까
막다른 골목으로 내가 쫓긴다

불안한 날들이 낯선 정거장모양 다닥치고
털어버릴 수 없는 초조와 우수가
4월의 신록(新綠)처럼
무성한다

작 약

그 굳은 흙을 떠받으며
뜰 한구석에서
작약이 붉은 순을 뽑는다

너도 좀 저모양 너를 뽑어보렴
그야말로 즐거운 삶이 아니겠느냐

60을 살아도 헛사는 친구들
세상 눈치 안 보며

맘대로 산 날 좀 장기에서 뽑아보라

젊은 나이에 치미는 힘들이 없느냐

어찌할 수 없이 터지는 정열이 없느냐
남이 뭐란다는 것은
오로지 못생긴 친구만이 문제삼는 것

남의 자(尺)로는 남들 재라 하고
너는 네 자로 너를 재일 일이다

작약이 제 순을 뽑는다
무서운 힘으로 제 순을 뽑는다

해변

비이치 파라솔들이
독버섯모양 곱게 널린 사장(沙場)에
젊은 정열들이
해당화처럼 무더기 무더기 피었다

파도는 진종일
모래불을 놀리다 간다
가는 것이 아니라 다시 또 밀려와
얼레발을 친다

모래불은 이럴 때마다
마음이 우수수 무너졌다

사슴의 노래

하늘에 불이 났다
하늘에 불이 났다

도무지 나는 울 수 없고
사자(獅子)같이 사나울 수도 없고
고운 생각으로 진여 씨불 것은 더 못되고

희랍적인 내 별을 거느리고
오직 죽음처럼 처참하다
가슴에 꽂았던 장미를 뜯어버리는

슬픔이 커 상장(喪章)같이 처량한 나를
차라리 아는 이들을 떠나
사슴처럼 뛰어다녀보다

고독이 성(城)처럼 나를 두르고
캄캄한 어둠이 어서 밀려오고
달도 없어주

눈이 내려라 비도 퍼부어라
가슴의 장미를 뜯어버리는 날은
슬퍼 좋다
하늘에 불이 났다
하늘에 불이 났다

대합실

막차가 떠난 뒤
대합실엔 종이쪽만 날고
거지아이도 잠이 드나본데

시간표에도 없는 차시간(車時間)을
사람들은 지금 기다리고 있다

생판 모르는 얼굴이 내리는 것인지도
모른다
기적소리 산과 마을을 울리며

어느 바람 센 광야를 건너는 것이뇨
우랄 알타이보석 모양 너를 찾는 눈들이
번쩍거리고, 지리한 낮과 밤이 연륜처럼 서린
곳이 마지막 보람이 있으려 함이뇨

시간표에도 없는 차시간을
사람들은 지금 기다리고 있다

피곤과 시장기와 외로움까지 두르고 앉아
눈을 감고 기다리는 사람들
목메어 소리치며 부를 그 사람은

언제나 온다는 것이냐

탑 위의 시계는 얼굴을 가리고
아무도 지금 몇 시인지 알 수가 없다

유관순 누나

무궁화꽃 둘레 만들어 가지고
언제나 누나무덤 찾아가 뵙나요
유관순 누나는 장하기도 하지

일제에게 당한 가지가지 고초
얘기 들으면 내 살이 막 아파옵니다
어느 나라 독립하던 얘기 들어도
이처럼 매웠던 일은 또 없습니다

모진 채찍 사정 없이 몸에 박혀도
꺾이지 않은 뜻은 대한독립
부모를 죽이고 동생들을 불에 태우고
일본도에 제 몸이 베어지면서도
숨지며 부른 것은 독립만세

그는 거룩한 이 땅의 딸
대한의 불타는 혼이었습니다
이제 거룩한 누나 몸에 피를 닦아줄
어디메 깨끗한 손길이 있답니까

그대 말을 타고

멀리서 종소리가 들려옵니다
날이 인제 새나 봅니다

천년 같은 기인 밤이였습니다

고독과 어두움이 나를 두르고
모진 바람 채찍모양 내게 감겨들었건만
그대를 기다리며 이 밤을 참았나이다
그대 얼굴은 나의 태양이었나니

외로움에 몸부림치면
커어다란 얼굴 해주고
밖에서 마음 얼어들어오면 녹여주고
한밤중 눈물 지면 씻어주었습니다

어느 객주집 마구간
말의 눈엔 새벽달이 비치고
곡마단 계집아이들도 잠이 들었을 무렵
그대를 기두르는 내 기도가 올려졌나이다

이제나 오시렵니까 하마 저제나 오시렵니까
당신의 말굽소리 듣는다면
담박에 내가 십년은 젊어지겠나이다

내 가슴에 장미를

더불어 누구와 애기할 것인가
거리에서 나는 사슴모양 어색하다

나더러 어떻게 노래를 하라느냐
시인은 카나리아가 아니다

제멋대로 내버려 두어다오
노래를 잊어버렸다고 할 것이냐

밤이면 우는 나는 두견!
내 가슴 속에도 장미를 피워다오

슬픈 축전

장의(葬儀)의 행렬입니다
상여가 나갑니다. 꽃상여가 나갑니다
첫날 색시의 가마처럼—
지나가는 사람들 경건히 모자를 벗습니다
그에게 마지막 예의를 보내기 위해

그가 백작의 부인이었건
저자 거리에 구으르는 여인이었건
이런 쓸데 없는 얘기는
알 바 아닙니다

이 세상을 떠나는
우리와 영영 작별하는 이의
엄숙한 행렬 앞에
다 경건히 모자를 벗고 작별해줍시다

어머니

성모(聖母) 마리아를 비롯해서
어머니는 괴로와야 했다

어디서 무슨 일이 났다면
괜히 가슴 철썩 내려앉는 것—
두더지는 햇볕이 싫어 땅속으로 든다지만

어느 세상(世上)에서나 지하(地下)로 지하(地下)로만 드는 아들이 있어
모진 바람이 눈 위에 소리칠 때마다 더운 방(房)에선 잠을 못자고
어머니는 늙었다

너도 남들처럼 너도 좀 남처럼
넥타이 매고 행길로 뻐젓이 훨훨 다녀보렴
어머니가 죽기 전(前)에
한 번만 이런 모양 보여 주렴

어머니 날

온 땅위의 어머니들이 꽃다발을 받는 날
생전의 불효를 뉘우쳐
어머니 무덤에 눈물로 드린
안나 자비드의 한 송이 카네이션이
오늘 천 송이 만 송이 몇 억 송이로 피었어라
어머니를 가진 이 빨간 카네이션을 가슴에 달고
어머니 없는 이는 하이얀 카네이션을 달아
어머니 날을 찬양하자
앞산의 진달래도 뒤산의 녹음(綠陰)도
눈 주어볼 겨를 없이
한국의 어머니는 흑노모양 일을 하고
아무 찬양도 즐거움도 받은 적이 없어라
이 땅의 어머니는 불쌍한 어머니
한 알의 밀알이 썩어서 싹을 내거니
청춘도 행복도 자녀 위해 용감히 희생하는
이 땅의 어머니는 장하신 어머니
미친 비바람 속에서도 어머니는 굳세었다
5월의 비취빛 하늘 아래
오늘 우리들의 꽃다발을 받으시라
대지와 함께 오래 사시어
이 강산에 우리가 피우는 꽃을 보시라

권두시 I

우리들 살림살이 보람 있을
조국의 아름다운 내일을 위해
저마다 오늘의 짐을 즐겁게 지자

남빛 바다는 오늘도 푸른데
너 갈매기모양 어디로 다 날리느냐
이 나라 튼튼한 살림의 고임돌 되고자

우리 다같이
한여름 해바라기를 닮아 보자

견두시 II

댕댕이 넝쿨 위에 8월이 긴다
저 너머 산골에선 돌배가 한창 여물고
저마다 바쁜 무성의 계절
아름다운 기운의 제전이여

사슴이 보일 것 같은 산길을
파아란 가랑잎 꺾어들고
휘이적 휘이적 걸어가면
어디서 산꿩이 푸드득 날으는 낮
별안간 황홀해지는 세계

내 가슴에 아로새겨지는
푸른 노리개들—
절렁절렁 흔들며
내가 사슴 모양 간다

애도(哀悼)

모두다 바다로 찾아나간 오후였다.
더위는 실내를 폭폭 삶아냈다
비오듯 듣는 땀을 씻을 생각도 않고
청년은 송신기를 고치기에 열중했다

피로와 시장기가 온몸을 둘러쌌다
찰나였다, 바로 이 찰나였다
그는 감전해 순직을 했다
스물 세살이 꽃봉오리 모양 꺾였다
마지막 일초까지 나라를 위해 바친 정열이
7월의 태양과 함께 불잉걸처럼 탔다

직장 마당 한 귀퉁이
부서진 찻간 속에
배고픈 날들과 함께 살며
어매랑 아배랑 고향이 그리웠단다

이 땅의 아들 귀한 아들은
공산군의 전재(戰災)통에
또 하나 이렇게 갔다
동료들의 눈물에 떠서
꽃둘레를 목에 걸고

산개나리랑 달리아랑
하―얀 백도라지꽃에 덮여
사람들 모자 벗는 경례를 받으며
성스러운 순직청년은
겸손히 떠나갔다
동료들 가슴 속에 불을 일어주며

          - 고 이성실군 영결식장에서

8·15는 또 오는데

몰아치는 괴로움이 임종모양 급하던 밤은
'해방'의 위대한 날을 낳아주다

할머니는 농 속의 태극기를
대낮에 꺼내들고 허둥지둥 나오고
큰 기쁨은 슬픔과 통해
눈물 주먹으로 닦으며
광화문 해타(海駝)앞 큰 길을
어엉어엉 울어 건너는 젊은이도 있었다
사람들 어지간한 원(怨)함 다 밟아버리고
우리끼리 아름답게 껴안던 날
이날은 신도 축복했으리라

지나간 그날이 왜 이처럼 그리우냐
우리들의 감격은 어디로 갔느냐
척을 진 친구와도 정답게 손을 잡던
너그러운 마음씨는 어따가 놓쳤느냐
단죄자(斷罪者)가 없이도
스스로 에누리 없이 뉘우쳤거니—

이제 쇠사슬을 쥔 북방의 검은 손이
새로이 민족의 발목을 노리는데
우리 다시 뜨겁게 손을 잡아야 하지 않겠는가
8·15는 오는데
8·15는 또 오는데

당신을 위해

장미모양
으스러지게 곱게 피는 사랑이 있다면
당신은 어떻게 하시죠

감히 손에 손을 잡을 수도 없고
속삭이기에는 좋은 나이에 열없고
그래서 눈은 하늘만을 쳐다보면
얘기는 우정 딴 데로 빗나가고
차디찬 몸짓으로 뜨거운 맘을 감추는
이런 일이 있다면 어떻게 하시죠

행여 이런 마음 알지 않을까 하면
얼굴이 화끈 달아올라
그가 모르기를 바라며
말 없이 지나가려는 여인이 있다면
당신은 어떻게 하시죠

5 월

이스라엘 백성보다 더 서러웠던 우리
오랜 겨울이 지나고 이제 신생(新生)의 힘찬 맥박이 뛴다
투사의 상처 찬란히 빛나고
흩어졌던 겨레들 모여든 거리

모두모두 껴안고 울고 싶어라
고운 아침 조국의 깃발이
장엄하게 날리는 아래서 너도 나도
건설의 해머를 들자, 그리하여
우리 문화의 탑을 쌓올리자

5월의 태양
5월의 바다
복받은 조국의 5월이여

성 탄

메시아가 세상에 오시는 새벽
어두운 밤을 헤치는 성탄의 노랫소리
집집이 불빛 찬란히 흐르고
사람들 메마른 가슴에 즐거움 깃들었나니
형제여, 메리 크리스마스!

인류 구속하러 오시는 왕의 왕
베들레헴 가난한 집 마구간으로
겸손히 오신 날
당신의 고초(苦楚)스러운 생―
가시관에 쓴잔이 약속된 날이어니

땅 위의 영광을 당신에게 돌리나이다
가슴속 헤치며 드는 저 성당 종소리
탕자(蕩子)도 도둑도 당신의 죄 많은 아들들이
성당의 첨탑을 우러러보며 십자를 그읍니다

오늘 이 나라 겨레들은
또 하나의 이스라엘 백성
저들의 눈에 눈물을 씻겨주소서
주여 외로운 이들에게 강복(降福)하소서
당신의 축복은 우리에게 있어야겠나이다

만 추

가을은 마차를 타고 달아나는 신부
그는 온갖 화려한 것을 다 거두어 가지고 갑니다

그래서 하늘은 더 아름다와 보이고
대기는 한층 밝아 보입니다

한금 한금 넘어가는 황혼의 햇살은
어쩌면 저렇게 진주빛을 했습니까
가을 하늘은 밝은 호수
여기다 낯을 씻고 이제사 정신이 났습니다
은하와 북두칠성이 맑게 보입니다

비인 들은 달리는 바람소리가
왜 저처럼 요란합니까
우리에게서 무엇을 앗아 가지고
가는 것이 아닐까요

6월의 목가

산양(山羊)도 사뭇 푸른 계절
질동이를 앞에 논 아주머니는 아이들에게
파아란 가랑잎에다 무릇을 싸서 주고
하늘은 도무지 넓기만 한데—

언년이는 싸리꽃을 따서는 부비며 부비며
칡넝쿨모양 덮이는 생각을 남모르게 재우다

그와 더불어 있을 수 있는 사람은 얼마나 행복할까
그에게 쓰여지는 물건들은 오죽이나 복될까
지긋이 참고 견딤은
하나의 즐거운 괴로움이기에
스스로 낸 율법 앞에
시시(時時)로 맵게 꿇어앉다

어쩐지 혼자서도 늘 함께 있는 마음
어젯밤 뻐꾸기 소리도 그와 같이 들었다
뒷산의 흰 함박꽃도 그이와 볼수 있었다
한집이 아니라도 같이 있는 마음
이 마음이
오늘도 언년이를 살리다

275

곡 촉석루(哭矗石樓)

논개 치마에 불이 붙어
논개 치맛자락에 불이 붙어

논개는 남강(南江) 비탈 위에 서서
화신처럼 무서웠더란다

'우짜꼬 오매야! 촉석루가 탄다, 촉석루가'
마지막 지붕이 무너질 제는
기왓장 내려앉는 소리
온 진주가 진동을 했더란다

기왓장만 내려앉은 게 아니요
고을 사람들의 넋이 내려앉았기에
비봉산(飛鳳山)·서장대(西將臺)가 몸부림을 치더란다

조용히 살아가던 조그마한 마을에
이 어쩐 참혹한 재앙이었나뇨

밀어붙인 훤한 벌판은
일찍이 우리의 낯익은 상점들이 있던 곳
할매 때부터 정이 든 우리들의 집이 서 있던 자리

문둥이가 우는 밤
진주사 더 설게 통곡하는 것을
진주(晋州)사 더 설게 두견(杜鵑)모양 목메이는 것을

나에게 레몬을

하루는 또 하루를 삼키고
내일로 내일로
내가 걸어가는 게 아니오 밀려가오

구정물을 먹었다 토했다
허우적댐은 익사를 하기가 억울해서요

악(惡)이 양귀비(楊貴妃)꽃마냥 피어오르는 마음
저마다 모종을 못내서 하는 판에

자식을 나무랄 게 못되오
울타리 안에서 기를 수는 없지 않소?

말도 안 나오고
눈 감아버리고 싶은 날이 있오

꿈 대신 무서운 심판(審判)이 얼른거리는데
좋은 말해 줄 친구도 안 보이고!

할머니 내게 레몬을 좀 주시지
없음 향취있는 아무거고
곧 질식하게 생겼오!

봄비

강에 어름장 꺼지는 소리가 들립니다
이는 내 가슴속 어디서 나는 소리 같습니다

봄이 온다기로
밤새껏 울어 새일 것은 없으련만
밤을 새워 땅이 꺼지게 통곡함은
이 겨울이 가는 때문이였습니다

한밤을 줄기차게 서러워함은
겨울이 또 하나 가려함이였습니다

화려한 꽃철을 가져온다지만

이 겨울을 보냄은
견딜 수 없는 비애였기에
한밤을 울어울어 보내는 것입니다

그 외의 시

아들 편지

숱한 학병들 틈에 끼어
아들이 입영한 지도 여러 달 전(前)

등잔 심지를 돋우며 돋우며
농 속에서 어머니는
아들의 편지를 또 꺼냈다

읽고 다시 읽고
겉봉을 뒤적거려
보고는 다시 보고

아들이 가 있는
구마모도라는 곳이

어머니는 지금
고향보다 더 그리워
밤이면 꿈마다 찾아가 더듬는다

약속된 날이 있거니

박꽃이 지붕 위에 흰 나비모양 앉은 저녁
흰옷을 입은 사람들은
조국과 민족과 독립을 얘기했다

바다로— 바다로— 나는 바다로 가리
두 다리 뻗고 앉아
바람 함뿍 가슴에 안아 보련다
그래도 시원치 않으리라
달랠 수 없는 가슴

기댈 데 없이 지내기 36년
구박과 눈치에 기죽어
설사리 자란 우리 형제
모진 채찍 아래 눈과 눈 마주치면
말을 삼킨 채 서로 눈물 어렸었나니

그때 일 생각한들 차마 오늘
우리 서로 다툴 건가
불행했던 날을 불러 보면
서로 껴안고 울어도 남을 것을

원수도 아니요 이방(異邦)사람 더구나 아닌—

오늘
서로 눈초리 사납게 지나침은
간밤에 어느 마귀가 뿌리고간
악의 씨뇨

우리에게 약속된 빛나는 날이 있거니
장미꽃 아름답게 피워야 할
거리— 거리에—
어언 남부끄런 욕설의 방들인고

그 앞에 통곡하고 싶음은
이 딸 하나뿐 아니리라
집집이 추녀 끝에
조국의 깃발 고요히 오늘

독립의 엄숙한 아침을 위해
형제여 다같이 달게 우리는
이름 없는 투사가 되자
그리하여 괴로운 역사의 바퀴를 굴리자
앞으로—앞으로—

조국의 여명은 가까워온다
머지 않아 우리의 새로운 태양이
저 산마루에 떠오를 게다

시인에게

일찍이 그대
제왕이 부럽지 않음은
어떤 세력에도 굽힘 없이
네 붓대 곧고 엄해
총칼보다 서슬이 푸르렀음이어라

독기(毒氣) 낀 안개 자욱이 날빛을 가리고
밤도 아니요 낮도 아닌 상태에서
사람들 노상 지치고
예저기 썩은 냄새 코를 찔러
웃을 수 없는 광경에 모두들 고개 돌릴 제

시인
오늘 너는 무엇을 하느냐
권력에 아첨하는 날
네 관은 진땅에 떨어지나니

네 성스러운 붓대를 들어라
네 두려움 없는 붓을 들어라
정의 위해
횃불 갖고 시를 쓰지 않으려느냐

적적한 거리

친구들은 가고 적적한 거리
한종일 걸어도 반가운 이 만날 이 없어
사슴 모양 성큼 골목으로 들다

낯익은 얼굴들이 없어 낯선 거리
오호 클클한 저녁이여
인경뎅이만한 비애 앞에 내가 섰노라

박넝쿨 올린 지붕 밑에
우리 다 함께 모여 살 날은 언제라냐
옥수수는 올에도 다 익었는데

인경의 독백

아직도 날이 아니 새었느냐
몹시도 긴 밤이어라

참고 보자니
오장이 터질 것만 같아라
나를 왜 창살로 둘렀다냐

밤이면
서울을 안고
나 소리 없이 흐느껴 우노라……

산딸기

나는 나는 산(山)색시
산(山)에 여(實)노라
붉게 타다 못해
검게 질리며
나는
산에 산에 여노라
눈이 영롱함은 눈물에 젖은 탓
산새도 못 오게
가시 돋치고
산협(山峽)의 긴 긴 해를[1]

송이 송이
붉게 타노라

---

[1] 원본에는 '그대 기다리며'로 되어 있으
나 그의 노트에는 삭제하도록 되어 있음.

아 내[1]

젖먹는 아가의 머리를 쓰다듬으며
엄마는 시름없이 한숨을 지었다
'아가! 아버지 언제 오시니'
젖을 삼키던 아가는 얼른 머리를 긁었다
찬바람에 벽의 시래깃단이 휘날리고
여인의 머리 속엔
남편의 돌돌 말린 베옷이 떠올랐다

---

1) 전집 3에서는 '단상'으로 되어 있음.

신년송(新年頌)

새날이 밝습니다
어둠을 헤치며 헤치며 몇 고개를 넘었던고
이제 앞길이 환히 보입니다
산(山)이마의 저 찬란한 새해의 효광(曉光)

눈보라 매운 채찍 몸에 감으며
속에서 싹트면 파아란 새 움
올해는 이 산에
진달래 곱게 곱게 피워 봅시다

장미는 꺾이다

석류 벌어지는 소리 들리는 낮
장미 같은 여인은 떠나가다

'내가 시각이 급한데 큰일이다
천주님이 어서 날 불러 주셔야 할껀데'

성당의 낮종이 울려오기 전
골롬바는 예수의 고상을 꼭 쥐고
자는 듯이 눈을 감았다
스물하고 둘
장미 우지끈 꺾이다

너 이제사
괴롭던 육신을 벗어버렸구나
사랑하던 이들—
아끼던 것들—
다 놓고 빈손으로 혼자 떠나버렸다

하늘엔 흰 구름만이 떠간다
　　－ 1947년 11월 3일 조카 용자(龍子)가 떠나든 날

제야(除夜)

멀리 갔던 이들 돌아오고
풍성풍성히 저자도 보는 명절날
돌아갈 수 없는 집 있어
먼 하늘 바라보며 기둥 모양 우뚝 섰다
별은 포기포기 솟아
모두다 식구들의 얼굴이 되다

희(姬)야 새날이 와
내가 돌아가는 날 너도 떡을 빚고 술을 담그자

임 오시던 날

임이 오시던 날
버선 발로 달려가 맞았으련만
굳이 문 닫고 죽죽 울었습니다

기다리다 지쳤음이오리까
늦으셨다 노여움이오리까
그도 저도 아니오이다
그저 자꾸만 눈물이 나
문 닫고 죽죽 울었습니다

흰 오후

– 미발표 최종유작

1호실에 그들이 나를 맡기고 간 지 며칠만에
두 소녀가 있는 내 집 안방이 이렇게도 그리울 수야—

바람도 나를 삼킬 기세로
잉잉대고 관(棺) 속 같은 흰 방안에
총에 맞은 메추리 모양
나가 엎드렸다.

태양이 싸늘하니 부서지는 병상 위
무섭게 자리 잡은 나의 공포여
엄숙한 눈동자로 창밖을 내다본다.

아무도 동행해 줄 수 없는 이 길에서야
나 온종일 성모 마리아를 찾는구나
항시 함께 계셔 주는 이 있거늘
나 모르고 살아온 고독의 날들

아무도 나와 같이 해 주지 않을 때
말 없이 옆에서 부축해 주는 이—
인자하신 어머니, 성모 마리아여

盧天命의 생애와 시세계

全 圭 泰

<문학평론가. 전 연세대 교수, 한국현대문학사 저자(서문문고 231, 232번, 1976년 간)>

일찍이 조지훈 시인은 노천명을 가리켜 '생래적인 단순한 성격과 고독 벽(癖)의 소유자'였고 조그마한 거리낌에도 밤잠을 못자고 괴로워하는 남달리 예민하고 섬세한 여인이라고 평가하였다.

이처럼 '절대고독의 시인'으로 불리는 노천명은 '친일시인', '거친 시어의 구사자'라고 폄하하고 있는 이도 있지만 시사적(詩史的)으로 보아 그녀는 현대시다운 시를 쓴 최초의 여류, 그리고 가장 여성다운 시를 남긴 시인으로 평가된다.

사슴을 그토록이나 좋아했던 시인, 오직 시만을 벗하며 길지 않은 삶을 고독하게 살다 간 선생이 타계한지도 어느덧 55년, 그리고 올해가 탄생 100주년을 맞이하는 해이기도 하다.

짧지 않은 세월 속에 고인에 대한 추억도 이젠 많이 퇴색돼 있는 듯도 하여 시인이 남긴 작품들을 이번에 그림을 곁들여 다시 다듬으면서 그 시사적 위치를 재정립해 보고자 한다. 이는 고아한 그녀의 시혼을 재음미 해보는 좋은 계기가 되리라고 생각한다.

파란 많은 생애를 통해 남긴 것

노천명은 1912년 황해도 장연군(長淵郡) 박택면(薄澤面) 비석리(碑石里) 281에서 태어났다.

아명(兒名)은 기선(基善), 6세 때 홍역으로 죽을 고비를 넘기고 천명(天命)으로 개명했다 한다.

노천명은 수필 <향토 유정기>에서 이 무렵의 고향을 이렇게 회고하고 있다. "배들이 개울가에 늘어서 있고 뒤 울 안에는 사과꽃이 피는 우리집ー 눈이 오면 아버지는 노루사냥을 다니셨고, 우리들은 곡간에서 당(唐)콩을 꺼내다가 먹으며 늦도록 사랑에서 아버지를 기다렸다."며 아버지를 그리워하였는데, 그런 아버지가 일찍이 타계하자, 곧 서울로 이사하여 진명학교와 진명여고(1926~1930)를 거쳐 1934년 이화여전 영문과(1930~1934)를 졸업한 후 곧 조선 중앙일보 학예부 기자, 잡지 『여성』의 기자로 있었고 극예술연구회의 신극운동에도 참여하였다.

1935년 『詩苑』 창간호에 「내 청춘의 배는」을 발표하여 문단에 나왔으며 대표적인 시 「사슴」이 실려 있는 시집 『珊瑚林』을 1938년에 펴냈다.

1945년 두 번째 시집 『窓邊』을 펴냈는데 『珊瑚林』과 마찬가지로 고독·애수·향수가 짙은 시를 실었다.

하지만 그 중에도 향토적인 소재의 시가 보여주는 건강함과 소박함은 고독을 노래한 시와는 대조적이다. 이 시집에 수록된 <남사당>은 그녀의 방랑벽이 엿보이기도 한다. 이 작품은 남사당패를 따라다니던 소년의 비애를 통해 방랑자의 애환을 잘 그려 놓았는데, 여류시인에겐 생경한 이런 소재를 다루었다는 점에서도 자못 이색적이다. 실은 이 시를 발표하기 2년 전인 1938년에 체호프의 <벚꽃동산>에 출연하여 '아냐'역을 맡았는데, 이 무렵에 방랑벽이 움튼 듯도 싶다. 또한 이때 관객으로 왔던 보성전문학교 김광진(金光鎭) 교수와 사귀었으나 유부남이었으므로 처음에는 두 사람이 버젓이 다니지도 못하였다고 한다.

천명은 무척 자존심이 강해서 제대로 연애도 못했다. 그녀가 여고를 졸업할 무렵 좋은 혼처가 있었으나 그녀의 완강한 반대로 이루지 못하고야 말았다.

작가 유진오는 천명의 이런 이성관계를 소재로 하여 이를 소설 『이혼』에서 픽션화하여 화제를 모으기도 하였다.

8·15 광복 후에는 서울신문과 부녀신보 등에서도 일했으며 한국전쟁 때 서울에 남아 있다가 부역했다는 이유로 9·28수복 때 투옥되기도 했다.

뒤에 문인들의 도움으로 출옥했으나 이로 인해 마음의 상처를 크게 받았다. 그 가운데 펴낸 시집이 『별을 쳐다보며』(1953)이다.

이 시집에는 40편의 시가 실려 있는데 그 중 21편이 옥중시로 「이름 없는 여인

되어」는 현실에 대한 혐오감과 심한 고독감이 흥건히 배어 있다.

그녀가 자기중심적인 내면세계로 빠져들려는 모습은 이후 줄곧 일관된 시세계를 이루게 되었다.

그녀는 남색치마, 흰저고리를 즐겨 입고 약간의 골동취미도 지니고 있었으며 여느 시인들과 차별화되는 뚜렷한 시세계를 지니고도 있었다.

그녀는 환경적 요인과 독신녀로서 식민지 시대와 동족상잔의 모진 세파를 정한이라는 시 정신으로 집약화 시켜 이를 의식과 무의식의 세계 속에서 상호 갈등을 일으키고 있다.

즉 의식적인 현실에서는 실현 불가능한 것을 자위나 인내의 형태로, 무의식의 세계에서는 일정한 소망의 충족과정, 이는 이른 바 정신분석학에서 이르는 원망실현, 모성지향 등의 회귀의식 장치라고 볼 수 있다.

그녀가 즐겨 노래한 고독 역시 친구일 수 있고 심지어는 사랑스러운 것으로 까지 비약되기도 하면서 그 자체가 고뇌가 되기도 한다. 하지만 그 속에는 비애적 즐거움이 깃들여 있기도 하다.

그 즐거움 자체는 슬픔을 동반하지 않는 것이지만 갖은 역경 속에 다져진 그녀의 체질은 이미 즐거움 자체가 비애감과 고독감으로 버무려진 특이한 희열로 바뀌어 나타나 있다.

따라서 고독이라는 낱말 자체를 곧잘 의인화 시켜서 자신과의 거리를 좁히고 세계와의 갈등을 해소시키려 들었다.

일찍이 최재서는 노천명의 생애와 시를 평론하면서 '감정의 절제'를 높이 평가했는데 종래 여성시의 한 특성이라고 말할 수 있는 정한의 세계는 곧잘 넋두리와 같은 감정의 넘침으로 흐르기 쉬운데 자전적인 경향을 띄고 귀족적인 고고함을 보여주는 그녀의 '사슴'은 이러한 감정의 극기를 잘 보여주고 있는 것이다.

그런 점에서 그녀는 한국여류시인의 전통적인 맥락을 계승하면서도 이를 넘어서서 발전시키고 격상시키는데 크게 기여하였다고 본다.

노천명은 평생 독신으로 지냈으며 1956년 『梨花 70年史』의 무리한 집필로 몸이 극도로 쇠약해져 이듬해 3월 서울 위생병원에 뇌빈혈로 입원했다가 퇴원했으나 얼마 후 서울 종로구 누하동 자택에서 1957년 6월 16일 45세로 타계했다.

그녀의 장례식은 6월18일 천주교 문화관에서 최초의 문인장으로 거행되었다.

이헌구의 식사. 오상순, 박종화, 이은상. 김말봉의 조사. 최정희의 약력보고, 전숙희의 유작시 낭독이 이어졌다.

경기도 고양시 덕양구 천주교 묘지에 안장되어 있으며 묘비는 김중업의 설계, 김충현의 글씨로 비면에는 盧天命之墓, 그 아래에 베로니가, 비음에는 시 「고별」의 8, 9연이 새겨져 있다.

짧은 생애동안의 그녀의 활동을 보면 1938년에 처녀시집 『珊瑚林』을 낸 후 45년에는 제2시집 『窓邊』을 ,53년에는 제3시집 『별을 처다보며』를 냈다.

그리고 49년에 동지사에서 『현대시인전집』을 내면서 제2권에 『노천명집』을 수록하여 여사의 생존 중에 낸 시집은 모두 4권인 셈이다.

그리고 사후 일 년만인 58년에는 유고와 미처 시집으로 엮지 못한 작품들을 3주기를 기념하는 뜻도 겸해서 김광섭, 김활란, 모윤숙, 변영로, 이희승 선생님의 주선으로 고인이 발표한 모든 작품을 망라한 노천명 전집을 발간했다.

여기에 수록된 시 「6월의 언덕」에는 「사슴」에서 보다 훨씬 짙은 고독과 애수가 숨어있다.

그녀의 시는 고독을 극복하려는 의지보다 그곳에 빠져들어 즐기려는 모습이 더 강하며 절망과 허무에 이르는 모습으로 나타난다.

이는 죽기 직전에 쓴 시 「나에게 레몬을」에 잘 표출되어 있다.

고독과 열정의 절제된 극기

'사슴의 시인'으로 두루 알려진 노천명은 결코 세속에 물들지 않고 살았던 시인이다. 작품 속에 고즈넉이 스스로를 다스려 몸가짐을 사슴에 비유하여 이상적인 생명에의 향수를 깃들게 하면서도 청초하고 단아한 기품을 보이게 하는 한편 자유분방한 방랑벽과 스스로 천애의 비극적 운명을 감수하며 살아간 양면성을 아울러 내포하고 있다.

유년에의 향수 이미지가 짙은 그녀의 또 하나의 대표작 「푸른 5월」 역시 그녀로 하여금 계절의 여왕다운 시인으로 상징성을 지니게 한다. 이 시의 도처에는 그지없이 순수한 여심이 잘 배어나 있고 섬세한 시인만이 느낄 수 있는 계절의 이미지가 생동하고 있으며 그 싱싱한 감각은 화려하면서도 결코 천박하지 않고 헤픈듯하면서도 짜임새가 있어 윤택미가 넘친다.

매우 감성적이고 감각적인 노천명의 작품은 오랜 세월이 지난 오늘날에 이르러서도 전혀 진부한 느낌이 들지 않는다.

이는 시 작품을 한낱 관념이나 정감으로 내뱉지 않고 그녀 특유의 고독과 향수를 사상(事象)으로 그려 냈었기 때문이라고 볼 수 있다. 고독과 향수가 인간의 보편적인 속성이며 매우 일반화된 정서의 한 편향으로 본 노천명의 시에서 그녀가 즐겨 부르던 고독은 도리어 그리움으로 승화되고 있다. 그것은 하늘을 향한 지향성으로 무릇 인간이 추구해 나아가야만 하는 영원한 원초적 고향이며 또한 평화의 세계이기도 하다.

특히 만년에 이르면 그녀의 고독은 종교의 구원의지로 승화되어 있다. 늘 함께 하는 영원한 님이 있는데도 이를 모르고 살아온 고독의 나날을 구원의지로 심화시켰음을 볼 수 있다.

시가 지나치게 종교성을 띠게 될 때 자칫하면 문학성의 폭과 깊이를 희석 시킬 수도 있으나 참다운 구원의지 없이는 문학이란 결코 위대해 질 수 없다는 것을 노천명의 시를 통해 느낄 수 있다. 이렇게 느껴질 수 있다는 것은 아마도 노천명의 시 세계가 믿음과 지나친 감정의 절제를 통해 응축된 열정을 노래하고 있기 때문일 것이다.

그러한 열기는 마치 활화산처럼 불붙기도 하면서 시를 간결하게 감정처리 하기도 한다. 따라서 감정의 절제된 극기라는 노천명 시의 특성은 바로 응축된 열정과 함께 논의 할 때 보다 그녀의 진면목이 들어날 줄로 믿는다.

8·15와 6·25라는 커다란 역사적 격동기를 겪은 다음에 노천명의 후기 시는 옥중의 아픔과 삶의 고뇌를 노래한 작품들이 많다. 후기 시의 작품들은 생존을 위한 극한 상황을 자탄하고, 안타까움과 어둠으로 채색되어 있기도 하다. 물론 그 이전의 시에 있어서도 이와 같은 흐름은 이미 있어 왔다.

그러므로 그녀의 근원적인 고향에의 그리움과 원형적인 회귀의지란 그녀 나름의 짙은 방랑성과 함께 날카로운 사회의식도 아울러 버무려져 있다. 이는 그녀가 깨어있는, 열린 의식의 탐구자였음을 말해주는 것이다.

이와 같은 그녀의 열린 의식은 자칫 지나칠 만큼의 나르시시즘으로 빠져들게도 했다.

시 「자화상」은 시인 자신을 잘 나타내고 있는 작품이다. 이 시에는 스스로를 아끼고 결점마저 미화하는 나르시시즘의 한 전형을 잘 보여주고 있다.

이러한 자기애는 그의 대표작 「사슴」과 그 밖의 여러 시에서도 잘 나타나 있는데 거기에는 슬픈 넋과 자기 성찰의 모습 또한 역연하다. 여기에서 내면적인 자기반성과 본래적인 자기모습도 뒤돌아보고 있는 것이다.

프로이트에 의하면 리비도가 외부로 발산되지 못하고 내부로 향하면 자기 스스로를 사랑하게 되는 것이라고 말하는 데. 노천명의 시적 자아시련의 성취는 자신의 내면으로 향한 쾌락의 자위로 표현되고, 이는 하나의 기질적인 유형으로 스스로를 만들어 갔던 것 같다.

평생토록 그녀는 자신을 연소시키면서 그리움의 대상을 향해서 열정적인 행동과 정신을 의식하며 폐쇄된 공간에서가 아니라 거시적으로 세계와 사회를 향하여 의식을 열어 놨던 시인이었다. 또한 여류시에서 흔히 나타나는 감상주의를 배제하고 이를 매우 절제된 언어미학적으로 구사하기도 했다.

일제 식민지 치하에서 태어나 조국광복과 민족상잔의 격동기를 힘겹게 살아가며 여성문학의 불모지에서 외롭게 모더니즘의 시세계를 구축해 나갔던 고독과 비운의 시인이 아직도 편협한 사관(史觀)과 이데올로기 논란으로 자칫 폄하되어 오기도 했지만 이제는 그녀의 문학사적 위치가 제대로 자리매김 되어야 한다고 믿는다.

詩碑를 찾아서

탄신 100주년을 기리는 기념비적 시전집 출판을 앞두고 발행인인 최석로 사장과 시비가 있는 묘지를 참배했다.

그날따라 날씨도 스산하고 대설이 내린 다음날이어서 산행은 무척이나 힘겨웠다. 고양시 벽제면 대자1리라는 주소로 찾았으나 어렵게 찾아간 곳은 고양시 덕양구 대자동 바느라지 마을 '가회동 천주교 묘역'이었다.

묘역 입구에는 어울리지 않는 옻닭 보신탕집이 자리 잡고 있었는데 오르막길에 들어서니 조그마한 성모 마리아상이 노변에 세워져 있고 바로 그 옆에 관리인들이 사는 집이 있었다.

관리인에게 묘지를 확인했으나 산행길이 눈에 덮인 데다 불럭이나 묘소 번호나

안내판도 없는지라 한기 한기를 확인하느라 적잖은 시간을 소비한 끝에 거의 산 정상에 이르러서야 고압선이 늘어선 험준한 골짜기가 한눈에 내려다보이는 아늑한 평지에 세 무덤이 나란히 자리하고 있었다. 가운데가 노천명시인의 묘이고 왼쪽이 언니 노기용, 오른쪽이 그의 형부인 듯 한데 묘비는 세워져 있지 않았다. 다만 노시인의 묘 앞에만 하얀 화강석으로 만든 높이 66, 너비 98센티의 묘비가 홀연히 서 있을 뿐이다.

비면에는 <盧天命之墓>, 그 아래 <베로니가>라고 검은 글씨가 쓰여 있고 비음(碑陰)에

눈물 어린 얼굴을 도리키고
나는 이곳을 떠나련다
개 짖는 마을아
닭이 새벽을 알리는 촌가들아
잘 있거라

별이 있고
하늘이 보이고
거기에 자유가
닫혀지지 않은 곳이라면

<고별>에서
1951. 3. 11. 지음

이라고 <고별>시 8,9연이 새겨져 있었다. 상석을 겸한 대석 옆 돌화병에는 퇴색된 조화가 꽂혀있기는 했으나 잡초와 눈에 덮인 묘역은 쓸쓸해 보였다.

하지만 묘역은 시계가 활짝 펼쳐져 뒤쪽은 골프장이 보이고 앞으로는 환히 황해벌, 아니 시인의 고향이 어렴풋이 보일 듯싶은 명당 자리였다.

이 자리에 서고 보니 "누가 이 무덤 앞에 서서, 철학을 생각하지 않는 사람이 있을 것인가"라고 했다는 말이 문득 생각난다.

각박한 세파를 '슬픈 모가지로', '먼 데 산을 쳐다보며' 높은 이상을 향하여 발돋음 하다 간 시인의 고고한 모습이 문득 그립게 떠오른다. "고향에 돌아갈 기약이 없다"고 늘 차탄하던 님이시여 이곳에서나마 고향을 바라보며 편안하옵소서! 명복을 빕니다.

책을 내면서

이 〈노천명 시집〉은 〈노천명 전집〉 중의 시편을 대본으로 하여 엮었습니다. 이는 노천명 선생이 발표한 모든 시를 총망라하여 가장 체계 있게 정리해 놓은 것이었기 때문입니다.

다만 제1시집 〈산호림〉 중의 '국화제'와 〈그 외의 시〉 중에 실린 '들국화'는, 또 〈산호림〉 중의 '소녀'와 〈그 외의 시〉에 실린 '조춘'은 제목만 다를 뿐 같은 시이기에 '들국화'와 '조춘'을 빼고 '국화제'와 '소녀'를 제 자리에 두면서 서로 다른 부분을 각주로 밝혀 두었습니다.

맞춤법이나 외래어 표기는 시의 음률을 다치지 않는 범위 안에서 현재의 원칙에 맞게 고쳤으며 많은 오식은 원전을 찾아 바로 잡았습니다.

그리고 제3시집 〈별을 쳐다보며〉의 후기에도 밝힌 바와 같이 '검정 나비' 편에는 〈산호림〉과 〈창변〉에 수록했던 작품을 다소 손질하거나 그대로 넣은 작품이 적지 않고 또 〈현대시인 전집〉 중의 '노천명'집을 낼 때에도 작가가 다소 손을 댄 듯, 전에 발표된 것과 다른 곳이 발견되기에, 연대로 보아 뒤에 나온 시집의 것대로 여기에 싣고 틀린 부분에는 주를 달았습니다.

단행본 시집을 낼 때 시집의 서문이나 후기가 있으면 모두 실어 참고하게 하려 했으나 〈별을 쳐다보며〉에만 후기가 있기에 그것만을 실었습니다.

그리고 〈그 외의 시〉편에 실린 '흰 오후'는 1972년 서문당에서 문고본으로 〈노천명 시집〉(서문문고 62번)을 발행할 당시 노천명 선생의 이질녀가 되는 최용정 님이, "이모님이 돌아가시기 며칠 전에 병실에서 쓰신 것인 듯한데 전에 전작집을 낸 후에 발견 된 것이라 넣지 못했다"고 하며 가져 온 것이라 문고본에서는 책 맨 앞에 수록했다가 이번에는 〈그 외의 시〉 편에 실었으며, 또 문고본 제 5편의 〈囹圄에서〉는 원래 제3시집 〈별을 쳐다보며〉의 제2부였기에 이번 전집에서는 제3시집 제2부에 붙였음을 밝혀 둡니다.

2012년 2월 6일
서문당 편집자